黑白决策

Six Simple Rules

[法] 伊夫·莫里欧（Yves Morieux）
彼得·托尔曼（Peter Tollman）——著
李天骄——译

民主与建设出版社
·北京·

图书在版编目（CIP）数据

黑白决策 / (法) 伊夫 · 莫里欧, (法) 彼得 · 托尔曼著 ; 李天骄译. -- 北京 : 民主与建设出版社, 2021.4

书名原文: Six Simple Rules

ISBN 978-7-5139-3424-4

Ⅰ. ①黑… Ⅱ. ①伊… ②彼… ③李… Ⅲ. ①经营决策 Ⅳ. ①F272.31

中国版本图书馆CIP数据核字(2021)第045964号

著作权合同登记号 图字：01-2021-2050号

黑白决策

HEIBAI JUECE

著　　者　[法] 伊夫 · 莫里欧　彼得 · 托尔曼

译　　者　李天骄

责任编辑　程　旭

封面设计　仙　境

出版发行　民主与建设出版社有限责任公司

电　　话　（010）59417747　59419778

社　　址　北京市海淀区西三环中路 10 号望海楼 E 座 7 层

邮　　编　100142

印　　刷　唐山富达印务有限公司

版　　次　2021 年 4 月第 1 版

印　　次　2021 年 4 月第 1 次印刷

开　　本　880毫米 × 1230毫米　1/32

印　　张　6.5

字　　数　122千字

书　　号　ISBN 978-7-5139-3424-4

定　　价　56.00元

认知时保持灰度，决策时黑白分明！

目 录

引　言

波士顿咨询公司六大支柱法则，多一不可、缺一不可

在这个充斥着复杂性的时代，企业究竟该如何创造价值并获得竞争优势？我们的工作是帮助那些管理者和他们的领导团队来创造成功的商业模式，在这个过程中，我们一遍又一遍地思考着这个问题。

我们曾为500多家客户公司提供过服务，这些客户涉及众多行业领域，遍布50多个国家。在回顾这些案例时，有一点让我们记忆犹新，即企业领导者很少会因为一些具体问题而需要我们的帮助，反而是那些员工——那些航空维修工程师、研发主管、酒店前台、销售总监、货车司机、首席执行官——这些人都或多或少地面临着相同的处境。他们遇到了一个近乎不可能的挑战：要去面对企业中出现的更多复杂性业务。关于企业复杂性的问题我们会在后续的章节中做进一步的论述。简单来说，复杂性问题的出现意味着员工将要面对更多的绩效指标，这些指标甚至多达25~40条，远远超过10多年前的企业要求。而这些要求往往是相

互矛盾的，例如，在保证产品高质量的同时又需控制成本；或者本着全球化统一标准的服务原则，同时还要满足本地化需求（参见附文《绩效指标的激增》）。

为了应对这些挑战，那些身处困境的人也经历过一些尝试，他们在所谓的“最佳”管理模式下以“最佳实践”的方式思考和处事，包括进行一些结构性的完善措施，实行以人为本的策略，等等——然而这些做法并没有使他们创造出更多价值。努力工作却未能达到理想的目标，他们唯有付出更多的努力，即便这样做也无济于事。于是他们备受打击，不知所措，陷入困境，甚至时常受到来自团队、领导和董事会的误解，变得孤立无援。

在传统管理理念、模式和方法之下，这些人的境况令人担忧；面对日益繁杂的业务，那些所谓的解决方案似乎也并没有改善任何问题——人们需要一种更有效的方法。通过与这些人及其所在企业的合作实践，我们在本书中论述的方法已经被证实有效。我们将这种简约有效的管理方法加以归纳总结，最终形成六项简化原则。

为了应对战略和组织性挑战，波士顿咨询公司（BCG）企业研究所的董事伊夫·莫里欧将经济学和社会科学的原理融入企业及其执行团队的管理——执行者在工作中会遇到更多复杂性问题。伊夫根据自己在研究和理论探索方面的积累，以及他与欧美和亚太地区客户的广泛合作，制定了卓有成效的简约型方案来应对企业的复杂性问题。作为波士顿咨询集团在北美设立的人员和机构实践研究的负责人，彼得·托尔曼曾与某些全球知名公司有着长期合作，在这些经验的基础上，彼得与伊夫一同践行了这六项简化法则。

通过与客户的合作以及持续性研究，我们不断完善这些法则，构造出一个理论框架，使其成为一套切实可行的管理工具。我们正在和BCG的同事们共同努力，使简化法则得到成功应用，来帮助世界各地的企业发展，创造持久性价值，最终获得竞争优势。

业务复杂性如何给企业带来困境

为了理解这些简化法则，让各位意识到它们在企业管理中的重要性，我们首先需要明确这个问题。如今，为了给股东创造更多价值，企业需要制定大量绩效指标要求，而员工则将要面对更多复杂性业务。这些要求越来越多，变化也越来越快，而且往往相互冲突。我们实测了这种演变，并创建了我们特有的BCG复杂性指数。该指数表明，自1955年以来，企业的业务复杂程度较之前增加了6倍之多。

复杂性的挑战和机遇

绩效指标的激增

《财富》杂志于1955年发布了世界500强排行榜。同年，BCG机构研究所开始跟踪记录一些美国和欧洲代表性企业的绩效指标要求的数量变化，并根据之后55年间的数据（截至2010年）创建了企业复杂性指数。在1955年，企业通常设置4~7项绩效指标要求；而今，这些要求多达25 ~40项。

在这些绩效指标要求中，有15%~50%是相互矛盾的——这种情况在1955年左右是极为罕见的。现如今，企业的处境往往十分艰难，他们必须生产出高质量的产品，却被迫以最低价出售；商品必须具有创新性，同时还需保证生产效率；要确保供应链的高效可靠；要保障全球化一致的服务质量，兼顾本土客户的重点维护。当一家企业能够调和这些有价值但相互矛盾的要求时，这种尴尬处境就会被打破。在这个过程中，企业将会为客户释放出新的价值，竞争优势也由此而生，最终实现盈利增长。

我们可以看出，企业复杂性的增长有两个重要原因。第一个因素是不断变化的贸易壁垒和技术进步给客户带来了更多选择。面对如此丰富的资源，客户比以往任何时候都难以取悦，更加无法接受任何妥协。

第二个因素是利益相关者数量的增加。企业需要在客户、股东、员工之间周旋；不仅如此，它们还要应对各种政治群体、监管部门以及审查机构，等等。这些群体分别有着不同的特定需求，对于企业来说，以牺牲其中任何一方来满足其他部分的做法都将带来极为不利的影响。

…………………………………………………………………………

一些人认为业务复杂性的增长对企业来说有百害而无一利。我们却有着不同的观点。我们相信，虽然复杂性增长意味着严峻的挑战，但同时也为企业提供了绝佳的机会。在当今的商业环境中，那些懂得如何应对这种复杂性并以此创造竞争优势的企业才是最终赢家。

然而真正的问题根源并不是复杂性，而是企业为了应对日益增长的复杂性而设置的烦琐的组织机制（参见附文《增值活动缩减，无用功增加》）——复杂的管理结构、冗杂的业务流程、琐碎的规则、混乱的角色……正因为这些泛滥的机制，以及随之而来的官僚主义，企业才丧失了妥善处理复杂性问题的能力，也将无法获取竞争优势，甚至最终瘫痪。尽管如此，我们不应将问题归咎于这种复杂性，在后续章节中，各位将会发现，复杂性只是由企业中陈旧而失败的管理思想和实践带来的一项副产品。

复杂性陷阱

增值活动缩减，无用功增加

BCG机构研究所根据过去15年内客户企业内部业务流程、垂直层级、对接结构、协调机构、计分卡、决策审批等数据，创建了一项指数，用来研究上述这些机制元素的数量变化。在这些企业样本中，这个指数以每年6.7%的速度增长；在我们55年来的研究中，这个指数已经增长了35倍。

在最复杂的组织结构中，处于管理层级前1/5的上层管理者在撰写报告上花费的时间占总工作时间的40%，而在协调会议方面花费的时间占总工作时间的30%~60%。在这些烦琐工作之外，他们并没有太多时间与团队一起处理问题。在这种条件下，管理者往往会做出方向错误的决策，整个团队的努力也终将徒劳无功。我们的分析表明，在复杂的组织结构中，针对上层管理者撰写报告、协调会议等烦琐工作，团队自身还要投入40%~80%的工作时间。团队并非无所事事，实际上他们往往工作十分卖力，然而却并没有创造出更多价值。在这个过程中他们常常被迫去执行工作，又不得不中断工作计划，再去重新执行；在发现自己的努力似乎并不会带来任何影响后，人们便认为一切工作失去了意义。经过分析研究，我们发现这些组织机构中员工离职的可能性是其他企业的3倍——如此看来也不足为奇。（见图1）

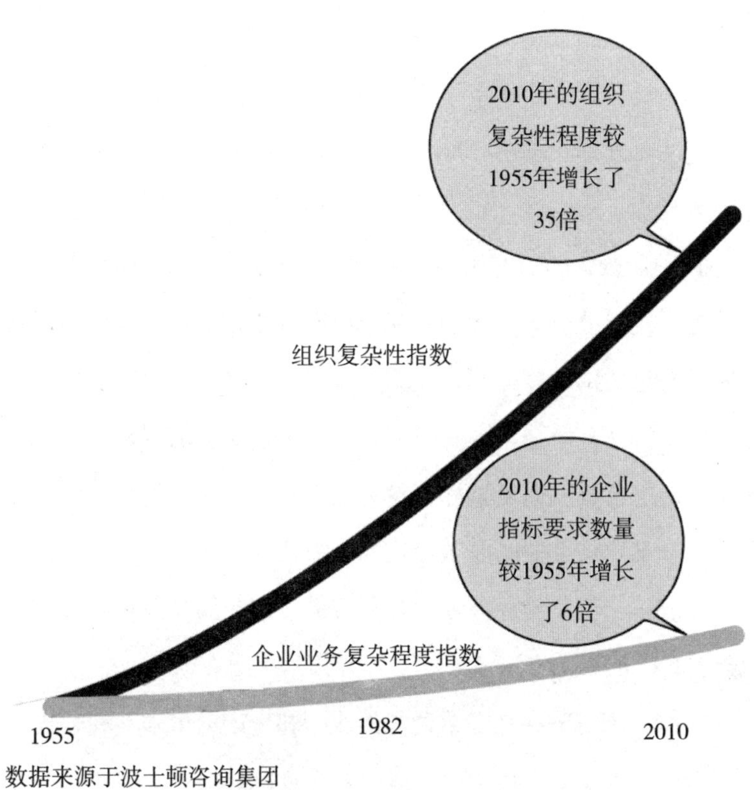

图1　企业业务复杂程度指数和组织复杂性指数变化关系图

但是，我们首先应当明白一点：这种组织机构复杂化的现象已经无处不在，给企业带来了许多困扰。在我们对这种组织复杂性增长问题进行深入研究后，发现结果令人大吃一惊。在过去的

15年中，企业内部逐步增设业务流程、垂直层级、对接结构、协调机构、计分卡、决策审批等机制因素，因此导致新需求的数量较之过去甚至多出50%~350%——而这些需求的增加完全取决于企业本身。

这种复杂化的速度如此之快，实在是令人震惊；同样出乎意料的是，经过分析后，我们发现企业的规模与它们的复杂性程度之间没有绝对的关联性——大型企业可能相对简单（同平均指数相比），同样，小公司也有可能存在严重复杂化的现象。另外，多元化的经营程度同复杂性也没有任何联系。业务组合的多样性并不会自动增加企业的复杂性程度。因此，要解决根本问题，企业规模或参与竞争的业务数量并非关键，重要的是找到应对这种业务复杂化的有效方法。

复杂性现象的存在会给公司的业绩和生产力带来不利影响，它使人们陷入非增值活动中，造成各种资源的浪费，例如设备、制度体系、库存资产，并给委员会和团队增添负担。不仅如此，在这种负面影响之下，企业很难制定出成功的商业策略，最终错失商业机会，无法迎接新的挑战。正如我们所见，复杂性的存在仿佛一处巨大的陷阱，它使人们陷入挫败感，滋生不满情绪，最终甚至选择离开团队。

所以人们在工作中怨声载道、减少投入、疏远团队的情绪愈演愈烈，我们认为造成这种现象的主要原因就是组织的复杂性。

美国经济咨商局的调查显示，1987年美国有61%的雇员对自己的工作表示满意，到了2011年，这个数字竟然下降到47%。报告中充斥着“压力”“倦怠”“工作自杀”等字眼，甚至有许多死于疲惫的现象——日语中还有个专门的词：过劳死（karoshi)。

一些人认为，员工对工作投入程度的下降是造成生产力停滞的主要原因，这种现象困扰着世界上许多地区的企业、行业甚至社会。然而真的是这样吗？还是说，员工是因为面临提高工作效率的压力和工作失败时的挫折感，从而导致工作积极性下降？这种先有鸡还是先有蛋的讨论根本没有什么意义。而每每针对这些问题进行干预时，我们总是发现，无论是员工对工作的投入程度减少，还是生产力停滞，都是由一个共同因素所引发的，那就是企业组织的复杂性。

复杂性的根源

正如我们所认为的，复杂性的出现只是根源问题的一项副产品，是一种表象。为了理解复杂性产生的根源，我们必须进行更加深入的探索，去做出一系列彻底假设，来研究企业应对复杂性问题的方式方法。我们发现，在过去相当长的一段时间内，为了应对复杂性问题的挑战，大多数企业在管理理论和实践上都依赖两种方法——硬性管理方法和软性管理方法，它们是20世纪管理理论和实践中两次重大革命的产物；不容乐观的是，这两种方法至今仍然是现代管理的两个基本核心要素。当今社会几乎所有的管理思想和最佳实践方法都基于这两种方法中的一种，两者合一的情况更为常见，人们用这样的方式对企业进行结构调整、重组、文化转型、再造，以及提高员工工作投入度与积极性等。

硬性管理方法

硬性管理方法起源于科学管理的创始人弗雷德里克·温斯洛·泰勒（Frederick W. Taylor）的管理思想，经过之后一个多世纪发展而形成，这种管理方法在后来的工业管理方面得到了进一步发展。而今，它在企业再造、结构调整、业务流程设计等实践中得到广泛应用。

这种硬性方法基于两个基本假设。首先是坚信组织结构、业务流程、制度体系对企业业绩有着直接而有效的影响，只要管理者的方向正确，那么就会达到理想的业绩目标。例如，需要员工按照当地市场的需求来制造产品，那么你需要去创建一个分散式组织结构；如果想利用规模经济来提高效率，那么集中式组织结构将是最佳选择。另外一个假设是，人的因素是企业组织结构中最薄弱也最不可靠的一环。所以管理者通过制定大量的规则，以及与精心设计的业绩计量标准和关键绩效指标（KPI）挂钩的财务鼓励措施，来激励员工按照企业的要求去执行工作，这些方式对于约束员工的行为起到了至关重要的作用。

这种硬性方式在过去也许行之有效，但是面对当今复杂的商业环境，以此管理企业反而会适得其反，造成不良后果。当企业需要满足新的绩效指标要求时，采取硬性方法意味着需要增设新的组织结构、业务流程、制度体系，等等。于是，企业往往会采用创新型管理者，增设以客户为中心的主管岗，引入风险管理团队，设置合规管理部门，制定新的质量管控指标，负责协调和对接的人员增设也已屡见不鲜。（参见附文《超越组织结构图的条条框框》）

……………………………………………………………

牢记于心

超越组织结构图的条条框框

一家企业究竟需要按照职能、地区、产品、客户细分、技术还是其他方面来进行经营运作，是其需要持续面临的问题。通常，随着时间的推移，企业会周期性做出多种不同的选择。

但是在复杂的商业环境中，组织结构图中的各种小方框代表的角色包含哪些特定职责已经没有那么重要。业绩的提升越来越依赖于小方框之间的相互合作。若是按照职能来进行管理，则必须让员工相互配合以满足不同类型的当地客户需求；另外，如果按照地区划分来运作，那么就需要让员工合作发挥其专业技能；

更不用说在产品类型、技术特点以及客户细分等方面，都是同样的运作机制。无论何种方式，无论管理者怎样安排那些方框代表的角色，都少不了这些方框之间相互配合协作，才能满足需求。

“损益表（P&L）要按照经营区域还是业务单元来统计？”这个问题过去常常成为企业组织设计讨论的核心，现在几乎变得无关紧要。证据在于，若企业将损益表作为问责制的基石，那么结果将会产生多种损益表——区域损益表、业务单元损益表、重要客户损益表、商品损益表，有时甚至还会根据每个产品组件来制作损益表——简而言之，业务将更加复杂。我们并非否认组织设计的重要性，这个过程是至关重要的。但是，正如本书即将为大家呈现的方法所述，关于组织设计，我们必须以和当前做法截然不同的方式去进行。

……………………………………………………………………

软性管理方法

维修机器时，虽然零件齐全，仍然会有一些轮子吱吱作响，这时只需要加入一些润滑剂就能解决问题。同样的道理，若要企业正常运转，我们便需要一些软性方法，例如：团队建设、激励计划、工会活动、外出静思会等（所有这些都建立在工作本身的基础上）。在这些方法的影响下，人们在工作中的情绪得以改善，协力完成工作的效率也大大提高。软性方法的应用起源于20世纪20年代埃尔顿· 梅奥（Elton Mayo）的研究，在他的影响下，管理学学派之一——人际关系学派得到了兴起和发展。这个学派的观点是，企业是由人际关系和支配这种关系的情绪所构成的，良好的人际关系可以带来丰硕的业绩。而人的行为已经由个人特质、所谓的心理需求和心态所预先决定。换句话说，要改变工作中的行为，就要改变人的心态（或者改变人本身）。

乍一看，似乎软性方法是硬性方法的对立面，但事实并非如此。无论管理者采用哪种方法，本质都只是在试图控制个人。唯一的区别在于，软性方法提倡的是情感刺激，而非财务刺激。情感刺激包括一些工会活动、各种庆祝活动以及适当展现“领导风格”，等等。在应对复杂性业务的过程中，管理者若采用这两种方法解决问题，将会经历以下历程：起初是硬性方法给人们带来新的障碍，并导致员工产生不满情绪，工作投入度减少；正由于人们的负面情绪和低下的工作效率，管理者开始尝试软性方法，来帮助员工端正情绪并以良好的状态投入工作——管理者认为问题已经得到解决——然而这只是表面现象。自相矛盾的是，这样一来，员工自己就要对工作投入度持续减少的不良后果负责。如果问题依旧存在——当然，它们并不会轻易消失——那一定是因为和问题相关的员工心理存在问题，他们的态度恶劣，思维方式也不正确。那是他们自己的失误。正如我们遇到的客户案例那样，在最糟糕的例子中，那些软性方法之下还有可能隐藏着对他人单纯的偏见和刻板印象。举个例子，比如人们都对职场女性或职场新手存在相当大的偏见——这样的态度将造成极大的人才浪费，并导致职场不公平现象更加泛滥。

软硬兼施的管理方式才是问题的根源

根据我们的经验，复杂性问题只能通过人们当下的判断来解决。所以，人们的自主性对于处理复杂性问题至关重要。无论企业中存在多少层级结构、计划、正式规则或者业务流程，这些都不足以预测业务第一线的人员将要面临何种问题，需要提出哪些创新解决方案，或者识别出哪些是千载难逢的新机遇。在这方面，人的因素并不是薄弱环节，并不需要加以处理将其弱化。相反，它是应对复杂性挑战的关键资源。企业需要提高人们的自主性，给予他们发挥的空间，寄希望于人们的才能和智慧，并报以信任。只有这样，员工才能够去做出判断，权衡复杂问题，找到创造性方法来解决新问题，做正确的事，充分利用现有的信息，学习践行规则的精神，而不是仅仅参考字面意思。如果管理者只是简单地堆砌组织架构，将业务流程与正式规则（包括一些相互矛盾的规则）同硬性方法相结合，这样只会为处理复杂性问题增添新的障碍。

同时，应对复杂性问题，若只凭借单独个体的力量，将无法找到解决方法。因此，依靠人们的自主性来相互合作同样很有必要。企业管理者需要鼓励员工——实际上是驱使员工以提高他人效率的方式去执行各自的工作。然而，越多的人参与到合作中，就越难以确定究竟是哪些参与者为最终解决方案做出了贡献。实际上，在实行硬性方法的过程中，业绩指标和激励方法的增加，不仅提升了业务复杂性程度，还给人们处理业务复杂性所必经的合作之路增设了不必要的障碍。

自主性和相互协作性——恰恰是管理者采取硬性方法的过程中试图抹除的两个特质。而这样做的目的是，使企业免受人的自主性所固有的风险感知的影响，并尽量减少合作的必要性。管理者相信，如果企业的组织结构、业务流程和制度体系足够合理，如果每个员工都接受了必要的培训和适当的奖励，那么他们就只需要待在自己的小圈子里，踏实做自己的本职工作，并没有进行彼此间相互协作的必要。至于软性方法的应用，则否定了人们利用自身智慧的自主性。在这个过程中，管理者将个人的决定和行动看作是对心理需求和情感刺激的巴甫洛夫效应；就好比在硬性方法中，管理者把这些决定和行为看作是对经济刺激的巴甫洛夫效应一般。此外，正如我们下一章所描述，强调良好的人际关系，是软性方法应用的典型特征，人与人之间的相互协作因此将受到阻碍。人们是否能够相互协作与其情感欢愉程度并无关联。总而言之，当前管理实践的两大核心方法根本无法应对企业面临的各种新挑战。随着硬性方法和软性方法应用的泛滥，企业不得不在组织结构和流程管理中采用拆东墙补西墙的方式，这些临时补救的方法不仅不能解决复杂性问题，还给企业所有利益相关者带来了愈加高昂的失败成本。

企业管理的恶性循环

业务复杂性与软硬两种管理方法之间的冲突会引发复杂化的连锁反应，使企业经历一种恶性循环。在新的复杂性问题面前，无论软硬与否，只要是试图控制和约束个体的管理方法，都只会让问题变得更加棘手。复杂性问题会导致企业生产力停滞，员工工作投入程度下降；反过来，这样的结果也将会加重问题复杂性的程度。面对这样的问题，企业管理者会采取更多的硬性方法和软性方法来进行补救，实行各种激励手段，但是此举只会使问题更加恶化。（见图2）

所幸，我们即将看到，还有另一种方式能够使问题得到解决。

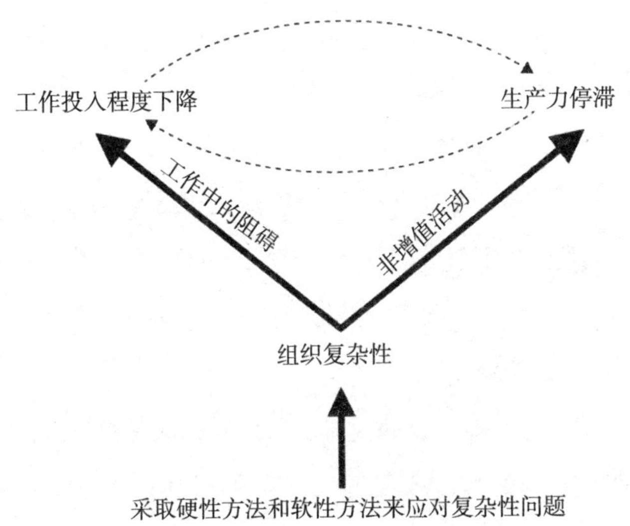

图2 企业管理的恶性循环

智能化和简约化

本书中的六项简化法则给管理者提供了一种新的方式，通过这种方式，管理者能够打破恶性循环，并进一步超越传统的硬性方法和软性方法，以便有效应对业务复杂性问题（参见附文《六项简化法则概述》）。我们希望能通过这些方法，帮助管理者更好地管理业务复杂性来为企业创造更多价值。当然，随着管理者逐渐摒弃那些由陈旧管理方法所堆砌的经验，复杂性问题终将消除，企业也无须在这些问题上耗费成本。在这个方面，六项简化法则的兴起代表了企业管理的第三次革命——管理方法向着智能化、简约化的趋势发展。通过应用这六项法则，企业能够达到同时提高业绩和员工投入程度的目的，从而更好地应对并最终消除复杂性问题。重要的是，企业将不再面临管理上的恶性循环：增长的业绩为人们带来更多机会；机会多了，人们对工作的投入程度也得到提高；对工作投入更多，员工也便有了更高期望，从而有助于取得更丰硕的业绩。

这些法则基于一个前提，即应对复杂性问题的关键是人们的自主性和协作性。很少有人认为这两个词语可以同时出现，但正是二者的组合，我们才能够以最简捷而有效的方式去解决复杂性问题。个体的自主性充分利用了人的灵活性和敏捷性优势；同时，彼此间相互协作的行为形成了协同效应，从而使组织内每个人的努力都得到成倍的回报。

六项简化法则概述

法则一，了解个体行为规律。我们认为管理者要真正去理解员工行为，他们这样做的原因是什么，同时要避开那些类似硬性方法和软性方法的陷阱。在这些理解的基础上，管理者便可遵守其他简化法则来进行管理干预。

法则二，注重整合的作用。这一法则指出，要赋予业务单

元和个体以权力，增进其相互之间合作的意向；强化整合者的角色，使组织中的各个成员都能在相互协作的过程中获益。

法则三，提高可控因素的总量。这一条法则将向管理者展示如何去创造新的权力，而非仅仅转移现有权力，从而使企业有能力去有效动员人们来满足复杂性挑战中的多重绩效指标要求。

法则四，多元化目标与自主性环境。在这条法则和第五、六条法则的影响下，企业将创造出高效自主性的工作环境，来确保人们保持个体自主性并投入服务集体的工作中去，从而解决复杂性问题。管理者可通过设立多元化目标，消除内部垄断，移除部分资源等方式来达到这一目的。

法则五，展示行为的未来隐患。这条法则并非依靠监督、标准制定或鼓励措施等方式——而是利用了时间的自然力量，来建立直接的反馈循环，在驱使人们做好当下工作的同时，还能确保一些对后期有深远影响的绩效指标要求得到满足。

法则六，建立间接反馈循环。这条法则从根本上改变了从目标设定到评估的整个范围内的管理方式，使个人乃至团队发展成具有信息透明化、开拓创新性以及壮志雄心的企业成员。

……………………………………………………

我们制定出这些简化法则，目的是创造出一种大环境，在这种环境下，每个人将能够最大限度地在组织中发挥自主性，做出判断，投入精力，并利用这种自主性来服务企业。通过践行这些法则，企业将能够营造出一种氛围，即每个个体在企业中的最佳生存之道就是相互协作。换句话说，这些法则有助于企业管理者以一种更有效的方式去组织和管理人员，使相互协作成为有利于个体发展的行为，成为人们的“合理性策略”。我们并非通过强加正式的指导方针或业务流程来达到控制员工的目的；相反，在这些法则的影响下，员工将能够一起去协力完成工作，制定出创造性的解决方案以迎接复杂性带来的挑战。在这种简单法则形成的合作模式中，无论何时，人们之间都是互利的；即使无法预先判断正确的方向，他们也能在其他人的鞭策下去找到对的解决方案，来达到绩效指标的要求。面对业务复杂性问题，你也可以选择忽略或者放弃，这也是个简单的方法——简单却十分不成熟——这样做无疑是在把企业推向深渊。所以你必须足够聪明，并且善于利用他人的智慧。你必须分辨出业务复杂性的表现，并以某种方式将其简约化——利用人们的智慧和判断。你需要激发人们的自主性和相互协作性，将二者相结合，便能够达成理想目标。

为什么一定是六项法则，不能再少了吗？答案是不能。这六项法则缺一不可，它们相辅相成；任何一项法则都有其存在的必要性。反过来讲，在我们遇到的案例中，所有解决方案都建立在这六项法则相结合的基础上。与此同时，也并没有必要再去加入更多法则。这六项法则相结合，好比一组精简有力的武器，可为企业应对复杂性挑战带来极大的帮助作用。

我们设计前三项法则的初衷是，通过为人们提供相关知识、发挥空间、权力和合作资源，为他们创造出能够调动智慧和精力的有利条件。其中，第一项简化法则是关于理解员工行为以及其背后的原因。第二项法则是关于如何利用权力去促进合作。第三项法则是关于权力的产生。这三项法则为个体自主性创造了条件；在同他人相互协作的过程中，人们依靠自主性所发挥的效能将得到大大提升。

而在第四、第五、第六项法则中，我们给管理者的建议是：无须增设额外的组织结构或监管部门，亦无须添加绩效指标或者鼓励措施，只要尽可能地暴露人们行为的后果，在工作中嵌入反馈循环，来驱使人们去正视复杂性问题，依靠自主性去同他人协作。其中，第四项和第五项法则意味着创建直接的反馈循环，这些循环在本质上是嵌入工作流程和工作活动中的。第四项法则中的直接反馈循环创建在相互依赖性的基础上，可以说是立足于空间之上的。第五项法则中的反馈循环是立足于时间上的，对员工的奖惩情况取决于他们完成当下工作的同时是否也能够满足日后业绩的要求。若工作流程中不允许直接反馈循环的存在，那么就需要通过评估的方式进行管理介入来作为最终手段终结该流程。这就是第六项法则的作用。

总而言之，前三项法则是在利用群体效应创造有利条件，使人们能够更好地发挥其自主性来投入工作、做出判断；后三项法则在驱使人们将自主性发挥于服务群体的工作中去。不同于那些预设的固定业务流程和组织结构，也不同于那些非正式的、寻求共识的组织之间松散的妥协性合作，人们在相互协作的过程中将产生更加广泛的解决方案，只要他们将全部精力和智慧投入其中，必然会得到最优解决方案。

我们称这些法则为简化法则，并不意味着它们很容易付诸实践。这些法则的成功应用需要管理者以不同于以往的方式去思考和行动。管理者也不应当单纯地将追求简化的管理方式设为目标。我们真正想表达的是，在这些法则的帮助下，管理者得以采取简约有效的方法，来应对企业管理中的复杂性问题，并最终达到为企业创造竞争优势的目的。

六项简化法则的科学依据

这六项法则以社会科学的基本发展为基础，其理论支持最早可追溯到赫伯特·西蒙和托马斯·谢林的理论研究。1978年，由于西蒙对组织内决策过程的研究，获得了诺贝尔经济学奖；谢林因其在冲突和合作方面的博弈论研究，也于2005年荣获该奖项。西蒙以一个全新角度在人类认知过程方面以及个体如何决定与行动方面进行了一系列研究；而通过谢林的研究，我们能够更好地理解个体之间的互动以及这些互动对总体结果的影响——事实证明总体结果往往与个体意图大相径庭。此外，米歇尔·克罗齐耶和罗伯特·阿克塞尔罗德的研究也对本书有巨大的贡献。克罗齐耶的职业生涯开始于对二战后美国劳工运动的研究，在此之后，他创建了一种叫作组织战略分析的新型方法。阿克塞尔罗德是一位政治学与公共政策教授，通过他的研究，我们对协作有了更深层的理解——协作是一个进化的过程；他创造的某些概念，也是本书中简化规则的理论基础。

在这些理论的发展过程中，形成了一系列关于企业管理的新观点以及关于人类行为的深入见解，这些观点和见解与如何应对企业管理复杂性的问题有着密切的联系。例如：

· *人的行为具有策略性*。为了实现特定目标，人们有策略性地去适应所处环境（从博弈论的角度来讲）。他们或多或少能够意识到这个目标的存在，若要确认该目标，则可以通过仔细研究其行为来做出判断。在这方面，我们可以认为，个体环境下人的行为常常是一种合理性策略；人们的行为背后总是有"合理的解释"（即最具解释力的原因）。

· *正式的规则和流程并不会对人们的行为产生预期的影响*。相反，人们会积极地理解规则，并将其作为实现目标的手段。规则是次要的，重要的是人们使用规则的方式。

- *协作不仅仅意味着某种理所当然的价值或目标（即人们“作为一个团队一同工作”的愿望）*。协作是一项复杂的社会过程，容易实现，也极易破碎。企业必须创造出适宜人们协作的环境。
- *权力不是必要之恶，也并非约制的源头*。权力是组织中个体的关键资源，是调动集体行动的关键资源。

这些概念是六项简化法则得以应用并获得成效的基础，尤其是在所有传统管理方式已无法应对复杂性问题的前提下。关于这六项法则，我们的重点是使这些概念具有可操作性，即帮助管理者将这些法则应用在企业的日常运营中。企业可将这六项法则作为实践的指导原则。由于所有关于绩效的问题都源自人们的行动、决定和互动——也就是本书提到的“行为”——在此前提下，这六项法则得以为应对生产力、创新、增长和文化转型等一系列组织挑战提供坚实基础。

准备开始吧!

本书将分别通过一整章的篇幅来介绍每一项简化法则。在这六项法则的帮助下，管理者将能够真正达到管理的最终目的——尽管管理工具还是那些常用的战略制定和组织设计，但是结果将卓有成效，不同于以往。这些法则将帮助管理者在企业中培养人们的自主性和相互协作性，以有效地处理业务中的复杂性问题，并抑制企业复杂性的滋长。最近一些管理类书籍都在提倡管理者去创建出新的角色，而本书的不同之处在于，我们很少关注个体动机和一对一交流的心理问题，相反，大环境管理以及企业、工作单元和团队之间多重交互所产生的集体属性（例如生产力、创新等），才是本书关注的焦点。如今，人们开始提出一些关于自组织系统和管理学的终结等言论。在此需要明确一点：我们坚信，管理在企业中始终扮演着重要的角色。不过，我们的观点是，那些在不同时代、简单的商业环境下发展而成的传统管理方法已经过时，很快将会被时代所抛弃。

1

法则一

了解个体行为规律

如今，企业中的管理者往往并不了解自己的员工的实际所作所为。被各种硬性、软性方法的假设所蒙蔽，管理者往往专注于员工工作的形式化描述（他们应该做什么），或者潜心研究员工的个性和思维模式（他们是怎样的人）。总而言之，管理者并不能正确地理解员工的实际行为：他们究竟在做什么？

这个问题为什么如此重要？因为人们在工作中的行为即为绩效的形成。一个企业的绩效无非是这些行为的共同作用：行动、决定和互动。当管理者并不了解员工究竟在做什么时，他们就不明白为什么企业会以这种方式运作（或者运作失败）。管理者认知不足，可想而知为何当他们开始执行业绩改善计划时，提出的解决方案不仅不能提高性能，反而会引起更多企业复杂性问题。

在本章中，我们将为各位介绍了解员工行为的具体方法。

· **分析工作环境**。我们可以从三个关键因素来了解人的行为：寻求实现的目标（或试图解决的问题）、有利的可用资源以及成为阻碍的约束条件。其中一个重要的约束条件之一是人们在与他人合作时所承担的调整成本。我们把这些因素的组合称为工作环境。作为管理者必须观察员工的行动，研究其所做的工作，并与他们及其周围的人交谈，才能更好地了解员工的工作环境。

- **了解组织结构、业务流程和组织机制如何影响工作环境**。企业中正式的组织结构、业务流程和组织机制对员工行为和绩效表现有一定的影响，这种影响间接而微弱。真正的影响取决于人们之间为达成目标、获取资源和形成约束而调整自身行为以达到合作目的的方式。一旦管理者对塑造员工行为的推动力有了深入了解，他们就能够利用那些常用手段——组织设计、指标、角色定义等——来影响工作环境，并引导员工行为朝着一个有利于业绩提升的方向发展。
- **避免受到传统管理方式的误导**。在以上理解的基础上，我们将重新来审视传统管理中的硬性方法和软性方法，来更详细地阐述为何这些传统方法非但没有效果，反而徒增复杂性。管理者往往会困惑不已，他们无法理解自己的组织内发生了什么，也不了解业绩如何从人们的行为中产生——若将自己从硬性方法和软性方法的假设中解放出来，就能够避免这种困惑。

理解人们的行为，理解人们行为背后的原因——这就是我们的简化法则之一，它是最基本的原则。作为一名管理者，在你为了解决绩效问题而采取任何措施之前，这条法则的应用可以为你节省大量的时间和金钱。为了阐明第一个简化法则的价值，我们将讲述一个关于InterLodge的故事。InterLodge是一家旅游企业，我们与之合作的目的是改善其酒店部门的业绩情况。在这个故事中，我们会穿插一些分析和解释的片段。（像书中提到的所有企业一样，这家企业真实存在，只不过在本书中皆使用化名。）InterLodge的管理层在软性方法和硬性方法相结合的基础上进行了两次尝试，试图提升公司业绩。但是，由于整个管理层对问题从根本上产生了误解，这两次尝试皆以失败告终。最后，他们充分意识到那些导致酒店业绩不佳的行为，随后就此做出了适度调整，通过转变工作环境，改变了员工行为，从而带来了远超出最初预期的业绩提升效果。

InterLodge公司：改进业绩的大胆承诺

InterLodge 的管理团队面临着一个严峻的问题：公司的股价一直在下跌——这个状态已经持续了一段时间。它的运营成本高昂，利润却十分微薄；入住率和每个房间的平均价格都低于目标；另外，根据我们的调查，该企业的顾客满意度远远没有达到其应有的水平。

面对这些问题，管理团队决定着手实施一系列结构调整和企业再造的方案。他们设立了一个共享服务的项目，为不同地区的酒店集团提供服务。于是企业成本得以降低，同时酒店服务、设施和设备的质量则能保持一个较高的水平。在这个项目中，为了提高生产力，同时更注重资源的质量，管理者重新定义了酒店员工的角色和责任。最后，该公司推出了一种新型计算机化收益管理系统，希望借此提高入住率。

一年后，所有这些改进措施却未能达到预期的结果。入住率和平均房价依旧偏低，客户满意度也未能提高，利润率仍然低于目标，股价也持续下跌。

管理层对此十分担忧，甚至有些恐慌。他们决定迈出大胆的一步：在一份公开声明中，InterLodge 承诺，公司将在三年内实现股价翻倍的目标。他们这样承诺，是为了增强股东的信心，同时达到激励员工的目的。这种承诺的确对该公司员工产生了巨大影响，尤其是酒店经理——但这与管理层的初衷完全相悖。与其说受到激励，不如说是惊吓。在提高酒店入住率的同时，还需提高平均售价，提高客户满意度——这怎么可能？员工们并没有别的办法，酒店提供共享服务产品，采用集中性收益管理系统进行经营，他们只能按照既定的规则流程来进行操作。在企业方面，包括报告结构、角色、责任以及人员编制等，都已在结构调整过程中经过了精心设计，无法再做改变。

所以，酒店经理开始寻求其他方法来做出改进，并将顾客满意度作为他们的重点影响对象。他们得出结论，影响顾客满意度的最重要因素来自客人与酒店员工的交流互动。他们认为，酒店前台的位置尤其重要，因为这个岗位与客人接触最多，但是这些基层员工仅仅能够处理一些基本的交易，缺乏与客户互动的技巧。经理们的观点是，担任这种（相对低薪）职位的人员通常存在着一定问题。他们都很年轻，似乎并不在意如何做好工作。这个岗位的人员流动率如此之高，说明他们对这份工作或对公司来说根本毫无忠诚可言。负责提高入住率的销售人员对此表示赞同。据他们所述，即便仍有空房，酒店前台通常也不会把房间留给那些当天晚些时候光临的旅客，他们只会表示客房已满——这种工作方式毫无经济意义。

InterLodge的管理团队采取了三项措施来解决前台的问题。首先，执行人员进一步阐明了酒店前台的角色、计分卡和业务流程定义。其次，他们对前台人员进行培训，以提高前台与客人交流的技能，理由是：良好的交流互动过程能够达到取悦客人的目的。最后，他们创建了一项激励计划来激励前台人员销售出更多房间，以此提高入住率。

然而，六个月之后，问题依然存在。事实上，情况变得更加糟糕——入住率进一步下降，平均房价下降，客户调查显示满意程度仍然在低水平，前台人员的流失率同时也在上升。

不用说，这时InterLodge的管理团队非常沮丧。公司在两轮改善计划中已投入了大量资源，首先是结构调整和再造，接着是激励计划和培训。现在他们还能做什么呢?

答案是：管理团队能做的最重要的事，就是从他们酒店的工作环境出发，了解员工的实际工作内容和其背后的原因。

分析工作环境

要了解人们的行为及其背后原因，我们需要了解他们的工作环境。这个环境由三个元素组成：目标、资源和约束。在工作中，人们通过行为来解决问题和实现目标，行为带给他们资源和约束。从这个意义上讲，我们必须将行为看作合理性策略。人们的选择并不一定总是正确的，人们都会犯错误。尽管如此，人们的行为是他们解决问题的方式。如果他们有了更好的解决方案，就会采取不同的行为。不仅如此，所有的组织机制——组织结构、业务流程、计分卡、鼓励措施等这些管理者用来影响业绩的措施，对于员工来讲实际上只是一些资源或约束——他们对此加以利用或试图回避，最终实现自己的目标。这些组织机制必然对人们的行为有所影响，从而影响业绩——通过一种反常的间接方式。这种影响往往取决于人们利用这些因素的方式。

建立关于目标、资源和约束的假设

为了确定工作环境，你必须收集关于工作的信息和数据，建立一个关于人们行为的假设，然后通过进一步的观察和数据收集来验证你的假设。一旦你理解了人们在做什么，理解了他们为什么会这么做，你就能通过改变他们的工作环境——而非通过要求和命令——让业绩的提升变得更加容易。最终，你将使用更加简单适宜的组织机制，以低成本来创造高价值。

目标。人人都想实现目标，解决问题。目标是他们在特定情况下面临的风险。当你观察人们的行为并通过会话或者访谈去了解他们的所作所为时，你需要思考这样的问题：这种行为能够解决怎样的问题？能够帮助人们实现怎样的目标？（参见附文《分析工作环境时需要做出哪些提问》）

简化法则工具箱

分析工作环境时需要做出哪些提问

在你的工作中，哪些方面最有趣？为什么？

在你的工作中，哪些方面最困难，令人烦躁或沮丧？为什么？

在你的工作中，必须处理的关键问题是什么？

- 你将如何着手解决这些问题？
- 你怎样确定这些解决方案是有效的？

在工作中，你必须与哪些人（部门或个人）打交道？

- 哪些交流互动对于你来说是最重要的？为什么？
- 哪些交流互动是最困难的？哪些交流互动涉及最多的冲突？为什么？

在工作中你都依赖哪些人？

- 他们的哪些行为会影响你所做的工作？
- 当他们行动时，他们有没有考虑到自身行动对你所做工作的影响？

对这些问题的回答为下文的分析提供了原材料。

以上问题经允许后改编自艾哈德·弗里德伯格的《组织社会学分析》。（选自Pour特刊，巴黎出版社1987年版）

当你试图回答这些问题时，不要只考虑绩效管理系统或工作定义中所设定的正式目标。我们指的目标并非人们通常所理解的关于企业层面的正式目标，而是个人和工作小组层面的实际目标，实际上这些目标与企业的正式目标毫无关联。相反，作为管理者，你要去设法确定人们在日常活动中试图解决的问题，以及在特定情况下他们个人将面临的风险。

然而，要确定人们的实际目标和所面临的问题并非易事。其中一部分原因是，即使直接询问，他们通常也无法明确自己的目标；或者，即使他们知道自己真正的目标，但由于某些原因，却不愿向你透露——比如，有人会担心你去利用这些信息来做出对他们不利的事情。因此，管理者需要将人们在访谈和会话中所透露出的信息和其他信息综合之后进行考虑，例如直接观察其行为得到的信息，以及通过交流活动获得的信息，等等。然后，你可以对多种信息进行归纳、判断，进而判断人们的真实目标或风险。

资源。人们利用资源来解决工作中的重点问题。一些典型的资源包括个人的技能、独特的优势、同事间的协作、时间、信息、预算和权力（例如，可以影响他人重要利益的能力）。一些因素对于有些人来说是资源，对于另一些人来说，有可能就是约束。

约束。人们试图消除、回避，试图将其影响控制在最小范围内的因素即为人们的约束。约束因素能够阻碍或限制人们重要目标的实现。一个人的约束因素可能包括诸如业绩目标、特定的组织规则、行动空间的缺乏或者在达成目标过程中对他人的依赖，等等。约束是一个组织内的固有因素，和资源的性质相同，它们是中性的，无关好坏，只是某种便于分析人们行为背后的原因的

概念。

评估调整成本

在某个组织中，特定类型的约束因素尤其重要。它的存在关系到人的行为将如何相互结合并形成总体结果。在分析工作环境时，你会发现，人与人之间存在着相互依赖性。当一个人所做的工作影响到其他人行动的能力时，他们之间就存在相互依赖性。只要存在相互依赖，他们就需要进行协作。互相协作意味着在你做出决定并行动的同时，需要考虑到他人的需要和情况——这就表示需向他们提供更多的资源、信息、知识、装备或时间，一些约束因素也将被取消。因此，相互协作的过程为彼此提供了更加广泛的可行方案，提高了他们处理各自工作任务的能力，其工作效率也得以提升。

但是，我们不应认为相互协作行为在组织中会理所当然地发生，这绝非易事。在有着不同职责、资源和约束的个体之间的协作总是涉及我们所说的调整成本。你可以把连续的协作行为想象成两个端点之间的一条直线，其中一个端点代表了一个人在某种情况下的理想状态，另一个端点则代表着另一个人。当这两个人进行协作时，他们会将光标沿着两点间连续的线进行移动，直到到达一个对任何一方都非理想但是对整体结果更加有利的位置。个体的理想状态与协作时所达成的解决方案之间的距离，就是每个个体所承担的调整成本。尽管协作的总体结果对整个团队来说利益更大，但是为了协作而进行的调整是以消耗个体的成本为代价的。这种代价将会产生在方方面面，如职业、情感、声誉、金钱，等等。个体虽能够分享因协作而带来的利益，但是其花费的调整成本绝不会因此而减少。（见图1–1）

A, B: 分别代表两个角色，这个角色可以表示某个职位、部门、团队，或者有特定目标、资源和约束的个人。

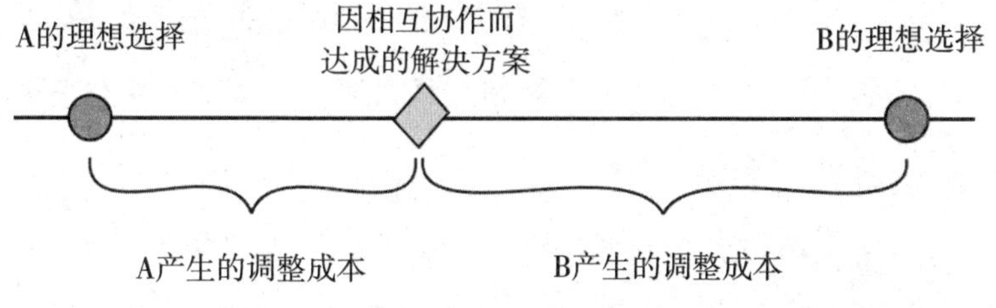

图1–1　连续的协作

在个体层面上，调整成本是行为如何相互结合以达成既定业绩目标的信号。当人们的行为具有自主性，并回避同他人的协作时，其他人就必须做出调整——通常情况下是组织内的其他人；有时，进行调整的一方却处于组织外部。例如，客户将承担缺陷、延期或者高价的后果，而投资者也有可能因组织功能失调只获得较低回报。因此，对于管理层来说，了解调整成本的动态及其对组织业绩的影响是至关重要的。（参见附文《有关评估调整成本的提示》）

简化法则工具箱

有关评估调整成本的提示

- *压力或不满情绪*。当个人或群体进行行为调整以适应他人的需要，但是他人却并无作为，那么结果往往是：那些承担调整成本的人们将处于高度紧张的状态。
- *怨恨*。当个人或群体并无意愿进行调整去适应他人的需要，反而强迫他人去调整，那么这个人或这个群体将成为他人怨恨的对象。
- *冷漠*。当个人或群体既未做出调整，也不强迫他人去调整，那么他人将对个人或群体表现出冷漠情绪。

寻找异常现象

当你为一组特定的人员或业务单元确定了目标、资源和约束之后，往往会出现一些异常现象，这些现象不同于你之前所观察到的行为。例如，你会发现，人们并没有使用你所认为的资源，经理们也没有采用新的IT系统或者人力资源部提供的评估表格。或者，你会发现，人们花了大量时间专注于那些在你看来是约束因素的问题，例如，经理们对管理任务怨声载道，但之后却在办公室花费数个小时去完成这些任务。这种异常现象的出现是一个好迹象：当你发现人们做了你期望之外的事情时，便能够从真正意义上开始理解业绩，理解业绩的产生是多么的恰到好处。我们不能忽视这种情况的发生，反而要对其展开深入研究。实际上，如果你没有察觉到任何意料之外或不寻常的事，那么说明你可能忽略了工作环境的关键方面，仍在过于关注组织结构图、流程描述、模型或现成的假设等。

关键是，资源或约束并不是固有的，这取决于人们的目标和他们所面临的问题。我们回到前面的例子中：如果经理们真正的目标是避免与没有实权的团队进行交流互动，那么他们抱怨的管理负担实际上可能是一种资源。尽管他们会抱怨，但是这样的工作为他们提供了一种保障，能够安然坐于办公室中，避免面对自身权力匮乏的现状。正因如此，对人们行为的观察显得尤为重要。资源为人们所利用；如果人们并未利用，那么这项因素对他们来说就是一种约束。

寻找异常现象对管理者来说十分重要，因为资源和约束因素并非一成不变，根据不同情况，它们存在可逆性。当目标或者问题发生变化时，资源可以成为约束，反之亦然。不仅如此，目标、资源和约束总是处于动态交互的状态中：它们在一定程度上决定着彼此的存在。不必先去设定目标，然后再寻找能够实现目标的资源。人们可以调整目标以适应既有的可用资源，就像他们调整资源以达成目标一样。人们往往能够根据自身资源所能提供的机会来设定理想目标并发掘出新的志向。

当你和朋友一起打扑克牌时，你的目标是赢了这局游戏吗？并不一定。这个目标取决于你拿到的牌。如果拿到一手差牌，你很有可能会对这场游戏失去兴趣，你的注意力也会转移到其他地方，比如看看电视，和其他玩家聊天，给自己倒杯饮料。这时，你的目标并不是赢得游戏，只是要玩得开心。但是，当你在下一轮游戏中抽到一手好牌，突然间有了胜利的希望时，你会开始集中精力，重新投入到游戏中来，此时，你的目标是赢得胜利。

不只是扑克游戏，企业中也存在同样道理。改变人们目标最有效的方式往往不是直接干预目标，而是去改变人们的可利用资源。人们会根据这些新的资源去调整自己的目标，并重新融入工作。

InterLodge公司的工作环境分析

现在，让我们试着了解一下InterLodge公司酒店前台的工作环境。在前两次提升业绩的尝试失败后，我们开始了同InterLodge的合作。我们和一个内部销售团队一起，花了一个月的时间来观察并与几家酒店的前台进行交谈，试图了解他们想要解决的问题，达到怎样的目标，以及他们的资源和约束分别是什么。

我们发现，到目前为止，前台工作中最困难的部分是处理顾客的投诉。这些投诉通常是关于一些维护问题，比如房间的电视坏了，浴室水龙头坏了，热水器坏了。导致这个问题的部分原因在于，酒店客房管理员每天都在房间打扫卫生，但是他们太过专注于实现工作效率，以至于他们要么没有注意到问题所在，要么没有及时向维护部门报告情况（因为报告情况需要太多交流互动，耗费太多时间，将会导致其工作效率下降）。他们只是不停地打扫房间，仿佛一切设施都完好无损。于是，酒店前台不得不承担客房管理和维护部门之间欠缺协作性的后果。

通常情况是这样：当客人在晚上登记入住（或返回房间）时，他们会发现问题，并打电话给前台投诉，但是此时维护部门已经下班，要找到能够进行紧急维修的人将会花费大量时间。所以在此情此景下，酒店前台必须自己去面对那些愤怒的顾客。

前台的工作就是与客户打交道。当愤怒的顾客开始冲着他们大喊大叫，前台的工作便恰似地狱一般令人煎熬。通过与前台人员的交谈，我们的团队形成了一种洞察力，回忆起来可能有些简单，但实际上，我们开展了大量的工作来进行研究：前台人员的目标并不是通过提高入住率来获得经济方面的奖励。他们真正的目标是避免在与不满意的顾客打交道的过程中产生不快情绪。

对客房管理和维护部门的依赖，是前台工作的约束因素。这两种职能部门的行为决定了前台工作的体验。前台在这种工作环境下该如何作为？他们开始实施三种解决方案，使自身能够利用可用资源来解决问题：

- *关注个别顾客*。当顾客抱怨不满时，前台接待员，尤其是那些年轻和精力充沛的人员，会试图开始自己解决问题，在前台和问题房间之间来回跑动。但这种行为只会惹恼那些在此期间出现在前台办理入住手续的顾客，他们不得不等待前台人员返回前台。因此，除了要弥补客房管理和维护部门工作的不足，顾客和管理者还会指责前台人员的服务不到位。这种双重困境是造成前台岗位流动率较高的一个主要因素。
- *保留空房间*。前台接待员为了安抚顾客的不满情绪，会再为他们提供一个新的房间。即使新的房间并没有更加舒适，心烦意乱的顾客还是会对这样一位不辞辛苦提供帮助的前台心怀感激。这对前台来说是一个不错的解决方案，但是对于酒店来说却并非如此。因为前台总是会保留一些空房间，以此来安抚这些不满意的顾客，但这种行为却大大降低了酒店的入住率。
- *调整价格*。有时，前台人员也会运用他们新掌握的顾客互动技能，来同生气的顾客协商退款事宜、提供返利或代金券等。这种做法分散了顾客的愤怒，但是并没有改善顾客的体验，反而降低了酒店房间的平均售价。

（有关此分析的说明，见图1-2）

角色	目标或问题	资源	约束因素	行为	
酒店前台	避免与顾客之间的问题	空余房间	最容易接触顾客	关注个别顾客，以弥补后勤部门的不足	→ 糟糕的顾客体验 人才流失
		新的顾客互动技能	依赖于后勤部门，并承担其缺乏协作带来的后果	保留空房间	→ 产能利用不足
				调整价格	→ 价格下降

图1-2 酒店前台的工作环境

从这个分析中可以看出，年轻的前台被迫承担了后勤职能部门所造成的调整成本。在这件事上别无选择，他们总得以某种方式去应付这些愤怒的顾客。他们承担调整成本的同时，还要遭受多方面的损失，例如经济方面（未能得到奖金）、情感方面（受到了经理和顾客的责备）和职业方面（在某种程度上，他们因此筋疲力尽，甚至会放弃自己现有的职位，去别处从头开始），等等。

与此同时，顾客也要承担一定的调整成本，因为他们在酒店的消费体验相当差劲。当然，由于酒店产能利用率不足，价格降低，成本增加（尤其是招聘新前台的成本），公司股东的回报也因此大打折扣。当人们逃避合作，并把调整成本推向第三方承担时，这种行为往往是以牺牲组织为代价的。即使前台人员之间进行相互协作，也远远无法弥补后勤部门职能的缺失。

通过以上分析，InterLodge公司的管理层最终对导致公司酒店业绩不佳的行为（根据故事背景，这样的行为也实属合理）有了准确的认识。不过，在向大家描述我们和公司高层最终是如何解决这个问题之前，我们来回顾一下，为什么管理层在如此长时间之后才真正明白究竟发生了什么。

硬性方法如何妨碍管理者对业绩的理解

按照硬性方法来说，业绩是组织成员接受指示和激励的直接结果。这个假设解释了硬性方法如此强调工作和角色定义、流程说明、程序规则等方面的细节性、完整性和准确性。结构定义了角色，流程规则指引人们执行工作，鼓励措施则能够激励那些处于正确角色中的恰当人选去付诸行动。从这个角度来看，如果存在业绩方面的问题，那么一定是某些关键组织元素的缺失或缺乏所导致的。因此，企业忽略了影响业绩的问题鉴定这一步，直接跳到部署新的结构、业务流程或者组织机制上来，试图提高业绩。由于这项不明智的举措，公司因而陷入第一层复杂性问题之中。

InterLodge就发生了这样的问题。管理团队并没有真正理解人们的行为及其背后的缘由，在这样的情况下，他们进行了结构调整和企业再造。然而，之后的一整年他们也未能达到理想的业绩目标。于是，管理者开始关注前台这样的一线员工。他们由此得出什么结论？前台员工并没有把房间出售给晚到的顾客，也没有能够以令人满意的方式来吸引顾客，也未能按照正确的标准来收取房费——但这些并不是前台人员做的工作，这些恰恰是他们没有做到的。

事情往往就是这样，问题诊断的结论总是集中在人们未能做到的方面。比如：我们的销售团队没有做到交叉销售；我们的经理没有做出决定；我们的工程师没有研究出创新方案……是的，人们当然不会花费时间去“拒绝执行交叉销售”“不做出决定”“不去创新”。他们是做事情的。然而他们在做什么？为什么要这样做？你会发现，我们的关注点往往不是人们做了什么，而是他们没有做什么。因此，我们无法理解他们为什么要这么做。那么，要如何改善这种情况呢？按照硬性方法的原则，我们需要增加新的鼓励措施、业务流程、组织结构——然而这样做，是将问题看得过于复杂了，并不能从根本上解决问题。

在思考如何提升业绩的问题时，将注意力集中在人们未能做成的事情上，而忽略了他们所做的事，从根本上来讲，这是一种落后的思考方式。但是考虑到硬性方法中隐含的假设，这种思考方式也并不令人意外。因为在硬性方法中，程序化的指令是关键因素，那么出现的问题一定是由于偏离正规程序而造成的——换句话说，是由于他们行为的缺口所造成的。当管理者发现这种缺口时，他们认为这一定是由于正规程序中存在着同样的缺口——可能是指令不够清晰，或者缺少必要的组织结构或者组织机制。例如，在InterLodge公司，管理者认为销售量的缺乏是由于销售动机的缺乏而造成的。

基于硬性方法的问题诊断几乎全是这样类似的解释，可以称之为“由于缺失而形成的根本原因”。比如，“我们不够创新，是因为我们没有创新型战略。”或者，“我们的火车晚点是因为我们没有守时职能。”接着，下一步便是增设一个新的组织元素来弥补这种缺失：引入一支专门开发创新型策略的团队（配备一组全新的专用流程和绩效指标要求），或者增设一个调度和守时小组，来确保火车准点运行。这也正是硬性管理方法会增加企业复杂性的原因。

需要明确的是，我们并非否认组织结构、业务流程和组织机制等元素的重要性。业绩的产生并不是因为人们没有做到什么，而是因为人们做了一些事情；人们之所以做了这些事情，是建立在已经存在的那些组织元素的基础上（而不是缺少的那些）。然而，同硬性方法的假设相反，这些元素对人的行为或业绩没有任何直接的、容易预见的影响。这些因素所产生的效果取决于它们相互结合形成的目标、资源和约束——也就是人们调整自身行为使自身适应的工作环境。问题不在于各种组织之间的一致性。*对于这种类型的结构，你需要怎样的业务流程来配合*——这种判断往往毫无意义。根据其假定的、固有的利与弊，组织元素在抽象意义上并不是相互结合的。仅仅考虑这些组织元素的特性根本无法得知它们是如何结合的。只有考虑到工作环境及其在这种环境中的作用，才能对组织元素进行适当的分析和设计。组织元素对行为和业绩的影响，取决于人们如何将这些元素作为资源或约束处理。

回顾一下酒店前台的情况。通过培训项目获得的新技能成了一种资源，他们可以依靠这项资源来实现真正的目的，即避免与愤怒的顾客发生冲突。因此，他们使用自己的技能，并不是为了达到理想的价格点，而是主动提供返利优惠和退款。更重要的是，他们的新技能以一种意想不到的方式与其明确的角色定位相结合，给前台提供了新的资源，但是这可能并非管理层面的意图：一些前台人员利用新的顾客互动技能向客人做出解释，他们的职责仅仅在于接待顾客，并非包括后续的一系列服务（当然，这种做法只会进一步激怒消费者，返利和退款的力度也将增加）。

那么维持高产能利用率的财务鼓励措施又有怎样的效果呢？这些措施对销售几乎没有影响。因为前台的行为并非“拒绝将房间出售给晚到的顾客”，而是对房间进行保留。他们不是因为缺乏激励而被动地放弃销售，而是主动做出选择，留出多余的空房。因此，对前台人员实施激励计划，向其展示他们本可以赚到多少钱，这样的做法只会增加他们的挫败感，导致员工流失率的上升。

InterLodge公司培训和激励制度的实际影响表明，当涉及复杂性时，如果一种组织机制是无用的，那么它便具有绝对破坏性。有时，我们会听到经理们表示，“这样做也许并没有什么效果，但是起码不会造成什么伤害”。这是一种错误的观念。所有的组织机制都会给工作环境带来一定影响——即使是间接影响。因此，无用的方案或机制往往会适得其反，会给整个组织带来不良影响。和删除必要因素的危险性相比，添加无用因素的危险性绝不会小于前者。

当企业根据其对绩效要求的假定影响来选择组织要素时，若不重视其中关于人的合理性，那么就好似在旋转一只轮盘赌盘——要求越多，员工、顾客和股东在其中输掉的赌注就有可能越多。

软性方法如何妨碍管理者对业绩的理解

与硬性方法相反，在软性方法中，可观的业绩是良好人际关系的副产品。但是这种观点使人们混淆了真正富有成效的协作。真正意义上的协作并不完全是充满乐趣性和游戏性的。如前所述，协作涉及双方的调整成本。当然，当人们相互憎恨时，他们往往不会进行协作。但是，一旦逾越了一定的界限，就算对彼此再感觉良好，协作也将会失败。

事实上，在一个群体中，个体之间的感情越好，人们就越倾向于通过承担调整成本或者将调整成本强加于群体中其他人来避免关系紧张。因此，他们会避免协作，让第三方承担后果，或者，他们会用额外的资源来进行弥补，消除彼此的相互依赖性。（设想一下，在家里有多台电视机是多么方便，这样家庭成员就不必为了选择电视节目而产生分歧了。）在工作场所，额外的资源有着其他形式，当然不是更多的电视机，而是库存过剩、时间延迟、业务对接、委员会，以及未满足的客户需求，等等。

软性方法的另一个特点是，人们认为行为由个人特质和思维模式所驱使。这种观念来自人们对心理学上典型软性方法的过度信赖——“要改变一个人的行为，必须改变他的思维模式”。当这种方法未取得成效时，建立在软性方法上的判断最终会把责任推给人的个性和价值观念。例如，在InterLodge公司，管理层和一些工作团队（比如销售团队）最初一致认为，由于酒店前台相对年轻化，他们在本质上或多或少有些懈怠，对工作不负责任。我们在其他公司也看到了类似的刻板印象。但是InterLodge 的高流动率并不是由员工的心理因素或类似“年轻人对企业缺乏忠诚度”这样的刻板行为造成的。相反，年龄最大、服务公司时间最长的前台人员反倒最不关心酒店业务以及顾客满意度。在他们刚开始从事这项工作时，那时的顾客满意度对于酒店来说还不是那么重要（因为竞争压力较小）。随着行业竞争压力的增加，这些服务时间较长的前台人员学会了一些技巧（资源），能够保护自己免受来自顾客的压力。

和硬性方法一样，软性方法也存在一定的缺点。要改变人的行为，那么改变环境比改变人的思维模式更加有效。当环境改变时，行为就会随之调整；当人们按照自己的方式行事时，他们的价值观、情感和思维模式也会随之演变。这些心理因素并不会驱动改变，它们是结果。试想这些心理因素将对合作产生怎样的影响。我们常常听说，要让人们相互协作，首先需要向他们灌输信任。这个方式根本行不通，因为实际上这个过程是相反的。当某些人的目标、资源和约束因素发生变化时，协作可能成为对其个体有利的行为。当他们开始协作时，成功在一定程度上取决于其他人的环境也发生变化，对后者的信任最终会逐步发展；当结果符合预期时，就会形成一个自我强化的循环。顺便一提的是，在现代心理学中，人们甚至也开始认识到所处环境对人有着决定性的重要作用。普林斯顿大学心理学和公共政策教授埃尔德·沙菲尔（Eldar Shafir）最近指出，人类行为往往严重依赖于环境。现代心理学研究的主要课程之一就是情境对人的行为有着巨大的影响力——相对于人们认为个人意图和性格存在的影响力而言——而我们往往会低估这种影响力。环境的决定性作用与自主性的概念一点也不矛盾。人的自主性十分重要，因为行为是明智的——富有策略性和适应性。行为能够适应环境，并非无意识而被动地做出预定反应。

当然，有时候管理者的确会注意到人们的行为。高管们会说："我们创建了一个新的组织结构，但是为了实现这个结构，人们需要做出不同的行为。"这种观点可能是最致命的。硬性方法定义了新的组织结构，软性方法定义了该结构有效运作所必需的行为。但是，行为不在组织元素之上或者之外。行为是这些元素的后果——尽管有时这个后果是间接性的、出人意料的。如果工作环境与公司海报上宣传的行为相互矛盾，那么人们就会对计划的更改产生怀疑，甚至愤世嫉俗。

InterLodge案例的最终结果

那么，InterLodge公司最后结果是怎样的？在管理团队花费时间了解酒店工作环境之后，他们意识到，问题不在于前台人员是否受到过良好的培训，不在于他们是否有心理问题或态度问题，也不在于他们是否需要更多的鼓励措施。相反，在管理者所面临的问题中，员工行为是最合理的解决方案。（参见附文《特定环境下的合理解决方案——行为》）

管理团队采取了三个步骤，为前台、后勤管理部门和维护部门三方创造了一个崭新的工作环境。（在这里，我们将重点关注高管们所做的管理层面的工作。在下一章节中，我们将更加详细地介绍这个方法的实践过程，因为这个过程需要运用到我们的第二项简化法则。）

牢记于心

特定环境下的合理解决方案——行为

- 人们总是有理由去做他们所做的事，即使这些事情在别人看来并不总是合理的。
- 每一种行为都是一个问题的解决方案。
- 每一种行为都是它所调动的资源的证明。
- 每一种行为都显示了人们为逃避约束或将约束最小化而付出的努力。
- 永远不要用非理性的思维模式来解释人们的行为（越是

这样做，越能体现出你分析的局限性超过了被分析人的局限性）。

……………………………………………………………………

- *消除那些无用的、产生反效果的组织元素*。首先，该企业摆脱了那些未能真正解决问题的软性和硬性管理方式。管理层终止了关于前台参与顾客交流培训的计划，取消了那些所谓的能够提高客房入住率的财务鼓励措施——当然，这些措施未能达到预期结果。
- *职业道路的调整*。InterLodge 的企业惯例是，经理通过在其特定职能范围内的发展，可以在企业中获得晋升机会。高管们做出的另一项改变是，使管理人员的晋升建立在拥有多个职能部门的工作经历的基础上。这种调整的目的是，确保所有管理人员能够直接了解不同职能部门员工的实际工作，能够直接了解每个职能部门与其他职能部门之间的工作关系。
- *改变环境以促进相互协作*。管理团队赋予前台人员一些权力去开展客房服务和维护工作。做出这一改变，是为了促进这些职能部门之间的相互协作，并促进各部门员工同前台人员的协作，来共同解决顾客的问题。这样一来，前台人员就不必依赖于返利退款或是空房预留这些方式来解决顾客的问题（从而创造出一种环境，让这些因素不再作为他们的资源）。我们将会在下一章中就这一变化展开更加详细的讨论。

以上这些相对幅度较小的变化，对业绩的提升产生了巨大的影响。两年内，InterLodge的股价就已增长到差不多是原来的三倍——远超过三年内股价翻一番的预期目标。

我们的第一项简化法则——了解员工行为及其行为如何影响业绩——这是所有企业进行变革的基本前提。管理者不能从业绩问题直接跳到新结构、流程和机制的创建上来，必须从行为层面上理解业绩产生的根本原因，以及形成这些行为的因素。这种理解的准确性为组织设计创造了有利条件，人们因此能够设计出更简洁而有效的结构、流程和机制。（参见附文《业绩即行为》）

牢记于心

业绩即行为

业绩是人们的行为，即行动、交流互动和决策的结果。

要理解企业业绩的形成，管理者必须追溯到人们的行为，还要去了解这些行为是以何种方式相互结合而形成了总体结果。

- 不要过分关注人们未能做到的事，要重点关注人们究竟做了什么。

- 确定他们的目标、资源和约束因素。
- 了解现有组织元素怎样形成了这些目标、资源和约束。
- 不要以人们的思维模式或人格特征为基础来做出任何未知解释。
- 试着回答：人们的行为是如何进行调整以相互适应的，而这些调整又是怎样形成了业绩。

……………………………………………………………………

不必提及那些组织结构、流程、机制形成的一般性利弊，也不用阐述组织元素的缺失、伪心理学、刻板印象、带有个人偏好的解释等因素——当你了解人们在做什么，了解了他们行为背后的原因时，就可以采取措施，来改变人们的工作环境，增加合作机会，使整体业绩得到提升。接下来的几条简单法则为你提供了方法去实现这一目标。

……………………………………………………………………

简化法则一小结

竞争企业中的执行团队究竟在竞争什么？是关于各自企业的产品或服务的竞争吗？并非如此，因为产品和服务是企业的产出。是关于他们决策针对性的竞争吗？这一点并没有必要。事实上，执行团队的竞争主要体现在他们针对各自企业的洞察力大小上。竞争的首要基础就是对企业中实际发生情况的理解。要以简约有效的方式处理复杂性问题，首先管理者必须避免或摒弃那些来自软硬管理方式中的错误解释，这些解释会误导管理者对于真实情况的理解。你需要对业绩的产生有一个真正的了解：人们在做什么？为什么他们会这么做？

- 追溯业绩产生的根源——人们的行为，以及了解这些行为如何相互影响和结合，最终产生了总体结果。通过观察、映射、测量和讨论的方式能够达到这一目的。
- 理解目标、资源和约束构成的工作环境；在该环境中，当前行为构成了人们的合理性策略。
- 找出你的企业中的组织元素（结构、计分卡、体制、鼓励措施等）如何影响了这些目标、资源和约束的形成。
- 当你理解了人们行为背后的原因及这些行为促进业绩提升的原理，你就已经创造出了一项必要条件，以此便能以超高的准确性来定义最精简而有效的干预措施。现在，你已经可以去使用其他的简化法则，去完善和简化组织元素，并能充分了解这些元素给工作环境和业绩带来的影响。

2
法则二
注重整合的作用

企业中的整合者可以是个人，也可以是一个业务单元。通常，整合者会为了企业的利益去促进内部组织的相互协作性。相互协作是解决业务复杂性的核心，因此，整合者在企业中的作用也相当关键。强化整合者的角色定位，正是我们的第二项简化原则。

在本章中，你将了解到：

- **整合者与传统的协调人员的不同之处**。一个出色的整合者不仅乐于促成协作，还需有足够的权力去推动执行。在无须依靠企业的层级结构或者各种规则的前提下，整合者能够确保满足复杂性挑战中的多重绩效指标要求。它甚至可以代替复杂的矩阵式组织结构。整合者的作用完全不同于那些协调人员、重叠层级和中间部门。
- **如何识别企业中潜在的整合者**。任何人都可以扮演整合者的角色，以此作为其现有工作的一部分。但是，有些个体或者业务单元会比其他人更适合这个角色。一些人已经有意向去促进协作；另一些人拥有促进协作的权力，但并无促进协作的意向。而在整合者角色强化方面，需要我们去发掘企业中那些既乐于执行又有权力执行的角色。

· **将管理者转变为整合者**。整合者的角色不一定只适用于管理者。但是，你会发现，一个整合者应该在管理角色中起到非常核心的作用。然而，由于管理者们对于传统管理方法过于依赖，现在极少有管理者能够有效地发挥出整合者的作用。我们将为高级管理人员展示解决该问题的步骤，使他们能够将手下的管理者转变为整合者，在整个企业内开展广泛的建设性协作。

为了阐明整合者这个角色的重要性，在本章中，我们将为大家讲述一个故事，故事的主角MobiliTele公司，是一家移动电话网络技术基础设施的制造商。在交付新产品方面，MobiliTele的产品开发进度向来极其迟缓。当硬性手段没有起到作用时，正是因为前两条简化法则的应用，该企业产品开发的进度得以显著加快。

整合者的特别之处

实际上，企业中有许多为了促进组织间相互合作而存在的专门角色，例如协调人员、跨职能委员会、对接部门，等等。这些角色与职能和我们所说的整合者的定义完全相反。原因很简单，首先，它们的作用微乎其微；其次，这些角色和职能的存在导致了企业的复杂性。

整合者的作用与那些传统的硬性解决方案有三点区别：第一，整合者的角色并非一项专职工作。更确切地说，整合者是一个个体在组织系统中扮演的角色，是其工作的一部分。这不仅仅是关于职责本身，更重要的是履行职责的方式。换句话说，作为管理者，你在强化整合者角色的同时，并不会引起复杂性增长。

第二，那些协调人员往往会进行事后干预，审度各个部门所提供资源的适用性，然后开始进行重复反馈，进一步完善协作过程。整合者恰恰相反。他们一般会直接参与协作，他们掌握行为发生的时机，也知晓最丰富的信息来源。他们帮助群体从其他协作群体中获益——整合者正是这些群体的一项有利资源。同时，整合者也是一种有益的约束因素，他们促使各个群体为了本组织的更大利益而被迫承担了协作所带来的调整成本。

第三，传统的协调角色往往会被那些位于业务流程关键节点的人们所忽视，然而整合者的角色将无法被忽视——他们往往是强烈情感的诉求点。整合者的存在意味着资源，同时也是一种约束。他们通常会引起积极或消极的情感，但是他们绝不冷漠。在辨识企业中整合者角色的潜在人选时，管理者可以将这一事实作为线索。（参见附文《如何辨识潜在的整合者》）

简化法则工具箱

如何辨识潜在的整合者

你可以将人们对自己或他人工作所表达的感受作为初步线索，来确定哪些个人或工作群体是扮演整合者角色的合适人选，例如：

· *那些在工作中表现出高度不满的人。*

这些人通常处于一种由约束和需求相碰触的关系中。他们的不满情绪通常是由于他人拒绝协作导致自身不得不承担大部分的调整成本而引起的。他们有改善协作的意愿，只是尚且没有权力去推动。

· *那些被他人憎恨的人。*

成为怨恨的焦点，往往意味着个人或群体有权力让他人——而非自身，去承担协作的调整成本。矛盾的是，这恰恰表示他们掌控着协作的方法，并正在利用这种力量为自己谋取利益。工作环境的改变可以促使这些人产生与他人协作的意愿，最终使这些人成为有利于整个企业的整合者。

……………………………………………………………

在现有的工作角色中创造整合者的角色

当你综观整个公司，无论它有着怎样的组织结构——后勤部门、对外办公室、研发部门、制造部门、销售部门、产品部门、业务单元等等，你都可以在其中找到潜在的整合者。有一种较为简单的方式，是去寻找企业中那些有意向协作却无权推动他人与其协作的个人或群体。由于缺乏权力，其他人并不配合协作，所以这些人被迫承担了大部分调整成本。

想必你已对这些人有所了解：InterLodge公司的酒店前台们。前台接待的工作与顾客的接触最为密切。当顾客有不满情绪时，他们也会因此受到最直接的惩罚。尽管有协作的意向，但是他们并没有办法影响到其他群体——尤其是客房管理和维护部门的行为。

并没有什么切实可行的办法能够使客房管理人员和维修工人直面顾客的愤怒。不过，在其他同事的评估和晋升中，前台人员可以拥有话语权。于是，InterLodge的管理层做出一个具体的改变，他们在客房管理和维护部门的绩效评估中给予前台人员一定的话语权。在过去，对于这些员工来说，仅仅满足自己的工作标准和目标就已经足够，但是在这项改变之后，这两个部门的人员将受到来自彼此以及前台人员的多方评估，评估他们在工作中是否进行了有效的相互协作。其中，前台人员的意见是这项评估中一个尤为重要的因素。

正因为这个小小的改变，前台人员的意见和工作环境对客房管理和维护人员产生了前所未有的影响。他们在彼此间相互协作的过程中明显变得更加积极，同时也与前台人员开展一系列协作活动。毕竟，他们的事业和晋升机会都有可能因为其他人的影响变得岌岌可危。当评价后勤部门职能的这种变化与新的跨职能经理轮换方式（这种方式能使酒店经理们更加了解各种职能之间的相互依赖关系）相结合时，酒店中的工作性质发生了迅速改变。客房管理员在打扫房间的时候会检查房间中的设施，如果有什么异常之处，他们就会立即通知维护部门。不仅如此，当前台需要向客房管理或维护部门寻求帮助来解决顾客问题时，这两个部门的反馈和回应则要比之前更加积极。

这种协作性的提升，使公司能够更好地满足多重绩效指标要求：

- *顾客满意度*。因为房间干净整洁，一切设施正常，所以顾客满意度开始上升。
- *平均房价*。因为顾客对他们的房间更加满意，前台对给予顾客折扣返现的力度越来越小，所以平均房价有所提高。

- *较高的入住率*。由于酒店房间出现问题的概率较低，前台人员不用再预留空房以防万一，所以他们售出更多房间，入住率得以提升。
- *降低人员流动率*。一旦前台人员对工作更加满意，该职位的流动率就会大大降低，从而节约了招聘成本。
- *趋向规模经济*。客房管理与维护部门的协作，使得预防性维护活动更加频繁，这样就能够在问题发生并影响顾客利益之前及时将问题解决。因此，该企业能够在局部层面上进一步重新定义维护部门的职能。
- *消除复杂性*。那些无用的、适得其反的培训，详细的角色定义和绩效计分卡，相关的控制措施和鼓励措施，以上这些复杂的元素最终得以消除。

多亏这些改进措施，InterLodge酒店事业部的净利率在18个月内增长了20%。利润率的迅速提高，使该公司超越了那个雄心勃勃的既定目标——在三年内实现股价翻番，只用了短短两年，他们的股价就实现增长近两倍之多。

通过加强前台人员作为整合者的作用，InterLodge最终成了一家真正以顾客为中心的企业。和以往一样，前台依旧是酒店同顾客互动的中心，在问题出现时，还是这些前台人员去直面顾客并与其交流。如今，通过驱使客房管理和维护人员协作，前台人员也有权力去做一些实际的事情，来解决和避免一些问题。前台已经从被控制的角色转变成为整合者的角色。为了达到以顾客为中心的目标，我们需要让企业去倾听那些聆听顾客需求的人的意见。改变职能之间的交流互动模式，要比创建一个以顾客为中心的职能更有影响力。

在InterLodge，管理团队选择了一支有意向进行协作的工作群体，并赋予其推动他人协作的权力。然而，有时候整合者可能需要去面对这种情况：让一个拥有诸多权力但是通常无意进行协作的工作群体做出改变，使其成员产生协作的意向——这便是MobiliTele公司的遭遇。在接下来的章节中我们将了解到详细情况。

MobiliTele: 寻找开发进度延期的原因

当我们第一次接触MobiliTele公司时，发现他们花费了30多个月的时间来开发其网络硬件和软件的新版本——而参照行业基准，这项工作所需时间应为20个月。由于MobiliTele 比竞争对手多花了近50%的时间来开发新产品，公司的利润率和市场份额都在下降，不合格产品的概率却不断增加。在整个企业中，只有其中一个部门，也就是负责无线电收发器的部门，能够在按时、保证质量、控制预算的前提下交付工作。面对这种糟糕的表现，公司高管层开始质疑各个开发部门的整体参与度。因此，我们的研究小组开展了一项调查，对四个工作部门的调查如下：

- *项目经理*负责：监督产品开发的过程，并按时交付新版本产品，提供技术规范，设置项目里程碑，以及跟踪监测跨工程单元的三个系统主要组件的开发工作。
- *负责收发器的部门*中，工程师研发的设备可以接收和发送手机网络的无线电信号。（这种设备一般安装在高塔或者建筑物顶部的位置，你应该见过它。）
- *负责单元采集器的工程师*，开发出一种技术，在信号通过网络发送给用户之前，收集所有来自收发器的信号。
- *软件工程师：*开发出软件，用以操控和监控整个系统。

与大多数员工调查一样，一些问题涉及人们关于其他部门工作流程的感受。当我们问及工程师关于项目经理工作流程的感受时，他们的回答是中立的。没有太多抱怨，但也没有多少积极的反馈（相当多的回答是“不知道”）。我们的主要印象是，其他部门对于项目经理这个职位以及他们的作用和责任并不是很在意。这些人的冷漠向我们表明，项目经理并不是真正的整合者。就像我们之前所述，无论积极与否，整合者的角色总是对人们存在影响，人们同整合者的关系总是充满感情的。当你对别人漠不关心时，往往是因为他们的存在对你并无影响。（参见附文《在解释工作中的情绪和感受时务必谨慎》）

简化法则工具箱

在解释工作中的情绪和感受时务必谨慎

当你在工作场合观察到强烈情绪时，请记住，这些情绪是行为产生的后果和症状。情况可能并不是你第一眼看到的那样，举例如下：

- 两组工作群体之间的紧张关系可能是一种冲突的症状。这种冲突如此强烈，以致妨碍了协作的进行。另外，这也可能是一种迹象，表明人们正在进行努力协作，是由于他们必须承担的调整成本才导致这样的紧张局势。
- 良好的人际关系有可能意味着：只要在协作过程中获取了个人利益，人们就能体会到调整成本投入的必要性。或者，这样的关系也可能表明人们正在谨慎地避免协作发生，以免接受或被动承担任何调整成本。

情绪是由目标、资源和约束形成的特定工作环境所塑造出的行为产生的一种结果，在了解情绪是如何形成之前，暂且不要假设你已理解工作环境中的强烈情绪的含义。

然而，受访者对负责无线电收发器的部门表示了极大的不满。根据经理们的说法，这种不满情绪可以追溯到某段时间以前。那时，公司开始面临更加激烈的竞争，发布新产品的压力也逐渐增大，在此之前三个工程部门都相处得非常融洽。如今，当我们询问无线电收发器部门的工程师对于其他部门的怨恨和不满有何看法时，他们的回答是："这些人纯粹是因为我们的出色业绩而忌妒！因为我们是唯一按时完成工作的团队！"

除了这些伪心理学的解释（"忌妒"），一些高管也曾提出文化层面的解释。对于这些工作单元之间的绩效差异，为什么无线电收发器的团队总是能够控制预算按时交付任务，他们这样解释："他们都是一流的人才，守时，纪律性强。当然，他们可是相当严谨的瑞士人啊！"（事实上，无线电收发器的部门主要位于瑞士。）

分析MobiliTele的工作环境

然而我们对于以上情况的心理解释和文化解释并不满意。所以我们开始运用第一章中提到的简化法则，来分析MobiliTele的工作环境。

项目经理负责整个产品规格的制定。为了达到工作目的，他们会与包括平台架构师、销售团队、市场团队在内的同事进行交流。与此同时，项目经理还常常与MobiliTele客户所在的大型移动电话运营商的同行进行交流，以了解他们的需求。

接着，项目经理会确定产品规格，并将其传达给工程部门。

但是，即使是在早期阶段，问题也已经出现。由于产品发布时间远远落后于计划时间，下一代新产品的规格制定也总会推迟。事实上，项目经理早已制定出一个与正式计划平行的备选计划，来应对这些延期问题。所以三个开发部门的工程师必须根据两个时间表来制定报告。正式时间表包括正式的里程碑事件和最后期限；而非正式时间表中则涉及对延误情况的调整。然而，由于习惯了产品规格制定的延期，工程师们也相应地调整了他们的行为。由于他们对下一代新产品有一个粗略的概念，他们将在最终规格发布之前就开始开发他们的组件。他们对此表示自满："如果我们不早点开始开发工作，最终产品完工时间甚至会比实际情况还要更晚呢。"

然而并非所有的工程部门都会受到产品规格制定延误的影响。事实证明，无线电收发器的规格在很大程度上是由国际通信标准决定的，与其他部件相比，该部件由客户、供应商或企业管理者决定的规格参数较少。因此，负责无线电收发器的部门能够推断出通信标准将如何演变，于是他们可以比其他部门更早开展工作，甚至比其他部门更早完成工作。

无线电收发器部门的这一领先地位，对其他开发部门产生了巨大的影响。收发器部门的超前行为意味着，当面临最终规格时，采集器部门的工程师和软件工程师需要研究出绝大部分变通方案和组件接口线路，来确保他们的组件与收发器的规格兼容。

这项工作需要额外的时间，超出了计划范围，也超出了预算。最终规格确定得越晚，收发器部门就越没有必要对其已做工作进行调整，但是其他部门在方案调整方面的压力将随之增加。

这种动态的负面影响远远超出了延期交付要面对的问题。不断地重启和停止那些返工和变通方案，去适应收发器部门已完成的工作，导致产品不仅不能完全满足客户的需求，有时甚至出现产品缺陷问题。当客户抱怨时，平台架构师和销售人员必须耗费时间为这些缺陷做出解释和辩护，还要协商退款和价格调整方案等其他事宜。所以，他们很少有时间能与项目经理一起交流，来为下一代产品确定产品规格，这也意味着项目将产生进一步的延期。在执行所有变通方案和返工操作之后，我们计算出工程团队在开发任何产品上所花费的时间，只有20%是真正创造价值的。

人们行为的原因：延期是一种（反常的）资源

工程师们真正的目标是什么？是为了减少延期交付吗？不，工程部门在产品交货期较晚或存在产品缺陷时是不会受到惩罚的。尽管如此，延期意味着必须预测下一代产品的规格，而预测往往意味着他们将会进行返工。那么在规格确定之前就开始开发工作，会产生怎样的结果呢？各部门可以充分发挥自主性，根据自己的业务流程和优势进行工作规划。他们利用的资源越多，效率就越高，因为这里的评判标准是根据他们自己部门的标准来执行的。

那么他们的约束因素是什么呢？这里我们需要记住，人们会回避、逃避约束，并将其影响控制在最小范围内。工程师们早早开始开发工作，回避了这些规格标准，这些规格标准就是他们的约束因素。总归，规格标准实现并记录了三个开发部门之间的相互依赖关系。工程师们真正想解决的问题是如何处理这些复杂的相互依赖关系。

在规格标准制定之前就开始工作（为了节省时间），工程师们便可以忽略这种相互依赖性。延期越久，每一个部门就越有充分的理由去按照预期规格标准采取单方面的行动。

你可能会产生疑问，延期交货是一种限制吗？不，实际上它是一种资源。因为产品的延期为工程师们提供了一条途径来摆脱复杂的相互依赖关系。即使在规格制定之后，部门所面临的紧急情况和时间压力也证明：走捷径和变通方案是合理的，这些变通方案也简化了重要的依赖关系。当然，延期是一种反常的资源，这种资源企业往往是无意创造的，很有可能导致业绩表现不佳。

最善于利用这种资源（规格的延期制定）的是负责收发器开发的部门。虽然无线电收发器部门的业绩是一流的，但是它是以牺牲其他部门和整个企业利益为代价才赢得这一荣誉的（这与无线电收发器工程师恰好是瑞士人并无关联）。相反，由于该部门可以超前开展工作（因为收发器的设计制造规格只需参考国际标准），这就迫使其他部门在超出预算的基础上去调整各自的方案来满足绩效要求。规格标准延期越久，收发器开发部门的业绩就越出色，而作为代价，其他部门的业绩则更加惨淡。

创造新的约束来强化整合者角色

如何重塑这个功能失调的工作环境？毫无疑问，MobiliTele的收发器部门掌控着这个权力。收发器部门对关乎他人利益的问题有着最重要的影响。它可以影响其他部门技术上难以参与却不得不执行的额外工作量。开发流程的实际管理者以及程序管理者并没有权力去改变。同随之而来的双重计划和报告一样，管理者必须将这些无关紧要的结构流程进行抹除。

既然收发器部门有权力强迫他人与之协作，那么收发器工程师是否可能变成真正的整合者？我们是否能够创造一种环境，让他们产生意愿去和其他产品开发部门进行协作，并促进这些部门之间的协作，从而开发出功能最强大的通信系统？要做到这些，无线电收发器部门就必须承担因其与其他产品开发部门缺乏协作性而产生的调整成本。

因此，我们帮助MobiliTele的管理团队，为收发器部门创造了一个新的约束因素：公司规定，在未来，除了收发器的开发工作，收发器工程师还将对整个系统的设计和产品交付延期负责。他们将陪同销售人员在电话运营商的会议上听取其关于MobiliTele

系统功能的不满意见，并对任何质量问题或者延期风险做出回应——这些都将是他们的责任。在进行了几次马拉松式的会议后，这些无线电收发器工程师们听取了客户对MobiliTele接连不断延期交货的抱怨，他们不得不回答一些棘手的问题，给出令客户满意的方案，他们终于开始切身体会到各部门之间缺乏协作的影响和代价。

在与客户进行反复接触并了解到客户的不满情绪后，收发器工程师开始关注协作带来的个人收益情况。他们不再只是将自己的发挥空间最大化，而是开始更多地倾听客户、市场部门和销售部门的意见，并找到最优化的互动方式，与其他产品开发部门的同事进行协作。这种新的工作环境使收发器工程师们承担了拒绝协作带来的成本。到目前为止，他们已经能够将成本分摊到其他职能部门以及客户和股东等第三方。缺乏协作性由此成了收发器工程师的约束因素，在此影响下，他们与其他部门有了更多协作行为；同时，收发器工程师扮演了有效的整合者角色，促进了其他两个产品开发部门之间的协作，通过去除程序维度来简化矩阵式组织结构。将缺乏协作性的成本内在化，分配给那些回避协作的人们，是一种非常有效的促进协作方式。

一直以来，MobiliTele公司都是某些细分市场的垄断者。要认识到企业必经变化的深度，我们必须超越空洞的经济意义（一个生产者有众多客户），并采用组织社会学的观点进行解释。垄断意味着一个企业可以以延期交货、产品缺陷和高价售出的形式，无忧虑地回避其员工之间缺乏合作，并让客户为此承担成本。因为别无选择，客户最终只能补贴垄断企业内部的和平。由于放松管制，竞争更加激烈，如今客户可以拒绝承担这项成本。MobiliTele企业内部必须开始实行真正意义上的协作。

但是，工作越是依赖于积极的人际关系，在工作中因变化而受到压力的人所经历的背叛也就越深刻。这就是MobiliTele 在半垄断状态结束后所发生的情况。公司的社会结构承受着因协作产生的摩擦，即便这种协作性还远远不够充分（在最终规格制定之后仅限于在两个部门之间做出调整）。这就是为什么第一项简化法则如此重要：我们需要向经理和工程师表明，真正的问题不是敌意或忌妒情绪，而是系统本身的功能。法则一中所固有的系统性评估，有助于人们在面对问题时去个性化——表明问题不是由个人特质或人们的敌意引起的，因此有助于减少变化所带来的个人化困难以及戏剧性。

在MobiliTele，问题不在于工程师们的漠然态度，不在于他们对雇主的嘲讽欺骗，也不在于他们是否对公司产品开发过程中的问题负有责任。他们在努力应对由相互依赖而产生的复杂性。目标、资源和约束并不是心理性概念，这些因素不能够描述人们的内心所想。相反，它们描述了人们作为组织系统中的参与者的行为逻辑。这些概念可以帮助管理者从间接形成行为的角度来评估企业——而非从直接与某种结构、流程、机制或个人特质相关的理论利弊的角度。

15个月后，在无线电收发器部门作为整合者角色的前提下，整个企业在满足绩效指标要求方面有了很大进步。企业的上市速度比行业基准高出了20%，同时在成本和质量把控方面与竞争对手不相上下。产品从一个版本更新到下一代的过程也没有再延期。企业中的恶性循环已经被打破，新的良性循环就此形成。

将管理者转变为整合者

在复杂的企业环境中，至少应当是某些核心管理人员来扮演整合者的角色。但是为了有效地发挥整合者的作用，管理者必须放弃关于传统软硬管理方式的假设——不能强迫人们接受一种新的结构来命令他们进行协作，也不能通过沟通和团队建设的方式去强迫人们协作。人们只有在工作环境给他们自身带来利益时才会进行协作。

以下三项措施可以帮助管理者发挥出有效的整合者作用——为了整个企业的利益，推动人们开展富有成效的协作活动。

- **免除管理职位**。有些管理角色永远不会有足够的权力来给工作环境带来影响，从而促成人们的协作——这些岗位应该予以淘汰。

- **减少规则**。太多规则束缚着管理者，他们无法有效地执行自己的判断，最好能够将这些规则的约束控制在最小影响范围。
- **以判断为准而非依赖于绩效指标**。协作的矛盾之一是，很难衡量协作各方贡献了多少。对于那些化身为有效整合者的管理角色来说，需要以自己的判断力为准，而非仅仅依赖那些伪精确的绩效指标。

限制管理角色

尽管延迟了几十年，大多数企业仍然拥有比实际需要更复杂的管理层级结构。这些层级有多种表现形式，比如项目经理（如MobiliTele的项目经理）、企业矩阵结构中的间接职位、区域总部以及职能协调者，等等。其中，许多层级是以硬性管理方式来应对业务复杂性的必然结果。但是，通常这个结果也受到另一个因素的影响：由于这家企业不太善于激励员工去执行任务，所以不得不创造出新的层级，来提供晋升到管理职位的“萝卜”。这些角色几乎没有任何权力，也没有为企业创造多少价值，他们只是企业为达到真正意图寻找的可怜的替代品。

在这些协调岗位和伪管理角色高度集中的企业中，这些数目泛滥的管理人员往往带领着规模过小的团队，有时甚至只有寥寥数人。如果一位管理者只有两个直接下属，那么其50%的工作执行则需要依靠这二人。然而，报告显示，这个团队的工作几乎完全没有依赖于这位管理者。因为，在如此多的工作层级和群体中，有许多方法可以使工作流程绕过该管理者。一个颠倒的层级结构就此形成：团队的管理者更依赖于团队，并且管理者并没有足够的能力来创造价值。这时，与其保留这样颠倒的层级结构，倒不如直接将其移除。

因此，将管理者转变为整合者并巩固这种角色定位，第一步就是要简化层级，同时增加权力控制范围，缩短等级界限。当管理者并不了解人们的行为时，他们需要依赖于绩效标准、KPI和计分卡等管理方式。然而对于人们真正所做的工作来说，这些方式实在是糟糕，也实在有失偏颇。这些管理方式无法捕捉现实，同时也给企业管理增加了复杂性。尽管大多数企业推崇扁平化管理的目的是节约成本，但是，更重要的是，它能够解放管理人员，让他们能够开展真正意义上的管理。当你移除一个没有足够权力来积极塑造人们的工作环境的管理层级时，不仅意味着舍弃了一个徒增复杂性（因而导致信息变更并降低了决策效率）的无用组织元素，更重要的是，作为整合者，那些保留的管理层级将更容易得到加强和巩固。

以下是一些关于管理岗位的问题，如果你能做出清晰的回答，那么就可以决定是否将该岗位进行保留和巩固：

· 这个管理岗位理应创造哪些价值？这个管理人员能够实

行哪些措施来推动团队去完成那些团队无法自发执行的工作？需要明确的是，我们不是在讨论这个岗位的工作描述。要回答这些问题，就需要了解为什么企业需要这个管理层级，在这个管理层级缺失的前提下会有怎样的状况发生。通常情况下，高管们并没有真正地认识到他们希望自己的管理人员能够创造怎样的价值。

· 即使确信某管理人员可以为一些特定的任务或工作群体创造价值，你是否能够断定，企业中不会再有其他人——那些位于工作单元之上或之下的管理人员——更加胜任整合者的角色吗？

减少规则

为了起到整合者的作用，管理者需要一些发挥的空间，这样才能为团队带来积极影响。许多企业都有着复杂的管理层级，同样存在大量烦琐的规则。随着绩效指标要求的增加，这些企业通过增设业务流程来满足每个需求。当新的迫切需求出现时——例如，提高安全性，降低成本，或者采取更完善的风险管控等等——这些企业的应对措施是创建新的正式规则。这和我们在政府机构中目睹的现象一样：立法者对每一次行动呼吁都做出回应，制定新的法律法规。

而职场规则将有多种形式：

- *流程定义*明确要求，实现X的方法是先执行Y事项，然后执行Z事项。
- 在任何情况下，*绩效指标*都是最优先考虑的因素，即使该指标并没有实际意义。
- *模板*明确要求传递某种类型信息的唯一方法。
- *监督计分卡*规定了活动记录的情况。
- 交流互动方面要求*工作过程计算机化*。
- *内部契约*，例如支持服务部门和内部客户之间的服务水平协议（SLA），详细解释了什么机制构成最低（因此往往是最高）服务。

对规则的过度依赖反映了人们对规则的实际作用的误解。规则的真正作用并不是规定怎样执行工作，而是对于人们行为与互动的影响，即规则如何影响人们在目标、资源和约束构成的工作环境下调整其行为。

我们已经讨论过在处理相互矛盾的绩效指标要求时，规则造成了怎样的问题。规则无法容纳任何矛盾的存在，但是复杂的企业环境中却充满了矛盾。旨在指定和控制行为的正式指导方针的强制性实施将必然导致团队陷入某种困境。其中一种情况是，管理团队将为每个绩效指标要求创建指导方针，但是，由于这些要求相互矛盾，这些指导方针终将彼此冲突，引起混乱，并常常给人们造成巨大的压力（处理复杂问题是一回事，在矛盾的规则之下如何着手开展工作则完全是另外一回事）。

另一种情况是，管理团队将创建一个规则，来明确规定相互矛盾的绩效指标要求之间如何权衡取舍。但是预先规定的权衡总是会与当下特定情形中的最佳选择存在一定的距离。当客户几乎没有任何选择的时候，这种距离不一定会形成影响。但是在当前选择众多的商业环境中，这种距离感会随着时间的推移、情况的变化逐渐累积——这也正是决定企业胜负的关键。任何一套指导方针都不可能是完整的、适应当前情况的或灵活性强的，它们不可能完美到足以应付工作场所中出现的多变而矛盾的众多要求。人们只有根据已掌握的信息，运用自己的判断力，才能处理复杂情况中的矛盾冲突。

在发挥整合者角色的过程中，管理者过度依赖程序规则是另一个需要解决的问题。超过某个临界点（这个临界点只能由特定的工作环境来决定）后，新规则的添加还会减少管理层对规则适用者的控制力。事情往往并非偶然，事实上，工会实行的最有效方法之一，就是所谓的“工作决定行动”（work to rule action）。在这种做法中，工人们放弃了罢工的方式，而是选择严格遵守每一项规定，结果可想而知，在这种情况下根本无法完成任何真正的工作。

无论规则设计得多么细致，在执行过程中总是需要一些判断和解释。但是，显然没有关于如何正确解释法则的法则。人们需要超越文字层面的意思来诠释法则表达的精神。在任何情况下，人们都需要运用自己的智慧，而不仅仅是阅读法则。因此，法则越多，管理者在解释法则时就越依赖于团队成员的善意。法则泛滥的真正问题不在于它们限制了人们的自由，而是在于它们在一个试图约束的系统中创造了自由，而正是因为这个系统，人们无法确定自由的方向，也将无法服务于企业的最终目标。

随着法则的堆积和实践应用的增长，管理人员对其团队的影响也越来越薄弱。他们没有制定或改变法则的权力，因为法则制定权通常掌握在企业的最高管理层，或者由监管机构或工会等权威机构所掌握。所以，结果同样造成了一个颠倒的层级结构。管理人员越来越依赖于自己的团队，而团队对其管理者的依赖则越来越少。

更多的法则请求通常来自于团队成员，而非他们的管理者，这种违反常理的法则效应恰恰解释了这种情况产生的原因。法则的存在使管理者的发挥空间受到制约，团队则因此避免了等级制度带来的影响。这种情况更多发生在中层管理者和现场管理者身上，在自上而下的控制需求和自下而上的保护需求之间，他们往往受到更多压迫。组织的上层管理者和底层员工都逐渐开始对中层管理者产生怀疑，他们似乎无法确保有效的业绩。大量法则本应赋予他们更多控制权，然而，这些法则实际上却剥夺了他们的权力。

因此，需要巩固和加强管理者作为整合者角色的权力，确保他们受到更少规则的约束。这样，这些管理者就可以自由地运用自我判断力来设定目标和明确抱负，定义成功标准，对绩效进行评估和奖励。企业的成长也是如此，企业规模越大，就越需要这些整合者角色的存在。因此，企业需要的是规则的简化，而非叠加。但是许多企业往往会采取相反的做法。（参见附文《强化整合者角色会带来怎样的好处》）

牢记于心

强化整合者角色会带来怎样的好处

- 更直接的协作，可以缓解绩效指标要求的矛盾。
- 企业矩阵结构和层级结构的简化，降低了企业的复杂性。
- 减少了因决策升级而造成的资源浪费和错误。
- 决策的制定将尽可能靠近行为和信息的集中处。

以判断为准而非依赖于绩效指标

硬性管理方法的另一个反作用是，管理者过于依赖绩效指标来决定员工奖励。细致的评估应该建立在准确性、客观性和绩效的基础上。但是，过度依赖绩效指标来进行评估和奖励，事实上会对绩效有负面影响，因为管理者转变为整合者的能力会因此受到阻碍。

当参与一项任务的所有人都参与到协作中来，他们的个人努力就会得到有效结合，而非简单的累加。这种努力的结合对团队业绩有很大的影响。然而，当人们以这种方式协作时，他们个人努力的某些部分只会在他人的成就中表现出来。这时，根本无法衡量出每个人对整个团队的业绩做出了多少贡献。例如，在4×100米接力赛中，获胜的队伍并不一定是拥有最强短跑阵容的团队。运动员们还需熟练地传递接力棒，才有可能获得最终胜利。要做到这一点，他们必须将精力转移到手臂上，以正确的方式传递接力棒，还需分配精力去进行有效的话语沟通，而不是将所有精力都投入到腿部，去达到最快的速度。让我们回忆一下2003年的世界田径锦标赛，在女子4×100米接力赛的决赛中，一共有八支队伍参赛，观众对美国队寄予厚望，但是最终获得胜利的却是法国队。根据参赛选手的个人记录，美国队的队员应该是当时短跑速度最快的。四名美国选手在100米短跑中个人最好成绩的总和，比法国选手领先了3.2米。仅仅考虑到2003年的表现，美国选手仍以6.4米的优势领先于法国队。然而接力比赛的胜利还是属于法国队。法国队最后一棒选手克里斯汀·阿荣表示：胜利是通过非凡的协作性而取得的。在这种活动中，我们并没有办法精确地衡量每个人在活动中的表现。是那个短跑运动员跑得特别快吗，还是说她的出色表现是上一位短跑运动员顺利传递接力棒的结果？并没有一个衡量标准可以提供答案。一位运动员在传递接力棒时手臂的活动的确会影响下一位运动员的跑步速度，但是这种影响又会有多少呢？（参见附文《协作中的贡献无法衡量》）

相互协作的过程总是会涉及如何分配你的工作力度、时间和精力。这个决定总是会带有一定程度的个人风险。你将会牺牲可衡量绩效指标带来的最终保护，来提高他人的业绩表现和整体结果——以一种不成比例的方式。

牢记于心

协作中的贡献无法衡量

你能够衡量的是：

- 整个组织的产出（收入、利润、投资回报、上市速度等等）。
- 一些单独的投入（独立于其他工作单元完成任务的效率）。

你无法衡量的是：

· 个人或群体对他人工作效率的贡献（采购部门对制造部门生产效率的贡献，前台部门对后勤部门效率的贡献，等等）。

因此：

· 不要衡量行为，要衡量结果。

· 以判断为准来评估协作的深度，而非依赖于绩效指标。

……………………………………………………………………

当企业只依赖KPI的数据来进行绩效奖励时，人们会以牺牲协作和团队成果为代价，将所有精力投入到可衡量的个人产出中。尽管这种投入十分必要，但是集体的目标仍然无法达成。除非协作对个人的绩效有正面影响，否则人们将不会承担与他人协作的风险。（我们将在第四章讨论关于目标多元化的话题时，再就此进行讨论。）

是的，企业需要一个衡量手段，管理者应当衡量任何有用的、可衡量的因素来监控业绩。但是，为了促进协作性，管理者必须超越KPI和其他正式的评估机制。因为协作是无法衡量的，对员工协作性的奖励只能通过管理者的个人认知来实现。这种认知不是绩效指标的产物，而是来自于观察和判断。正如这个词所暗示的，认知是关于认识和知晓，管理者应当认识到人们在做什么，应当去理解人们行为背后存在的一切因素。

这一要求给我们提供了新的思路：前两项简化法则之间有着必然联系。许多关于领导力的讨论都强调管理者在工作场所存在的重要性。现在，你应该意识到这种存在不是空洞的口号或者抽象的哲学立场。这是一个非常实际的问题：管理者需要在工作中，通过交流和互动，去观察和收集那些在协作过程和结果中无法衡量的数据。这正是社会科学所论证的，也是伟大的管理者要落实的问题。英国足球俱乐部曼联队杰出的前主教练亚历克斯·弗格森爵士曾经这样说过："我认为很多人没有完全理解观察的价值。我把观察作为我管理技能的重要组成部分。"在金融行业，如果一些管理者在日常管理中善于运用观察的方法，那么一些灾难原本是可以避免的。这种对工作环境的深入了解与所谓的微观管理毫无关系。不断地去告诫人们应该做什么，并不是我们的目标。我们的目标是，利用这些深入的知识不断去创造和重建工作环境，以达到促进协作的目的。只有这样，管理者才能发挥真正的作用，扮演好整合者的角色。

简化法则二小结

通过关注那些工作的直接参与者来强化整合者的作用，赋予他们权力和意愿去促进针对复杂性问题的协作，而非求助于主要层级结构、对接部门、平衡功能的计分卡或者协调流程等管理元素。

- 在各个运营部门中，寻找那些在同级部门拥有特定权力或意愿的人来扮演整合者角色。
- 凭借情绪去判定候选者：情绪为分析提供了重要线索，因为人们的情绪是症状，而非原因。
- 在管理层级中，通过摒弃一些规则，并在涉及协作时依靠观察和判断（而非绩效指标）来取消那些不能创造价值的管理岗位，并加强巩固其他人作为整合者的地位。

3
法则三
提高可控因素的总量

越是需要依靠协作来解决企业中的复杂性问题，就越需要更大的权力来推动这个过程。在前一章中，我们讨论了权力在强化整合者作用方面的重要性。例如，赋予InterLodge的前台人员以权力去评估他人，以及MobiliTele收发器部门的权益归属。现在我们必须在简单地重新分配权力（如InterLodge的情况）和实际增加本企业权力总量之间加以区分。在本章中，我们将就如何增加可控权力的总量展开讨论，并探索其在当今商业环境中如此重要的原因。

你将了解到：

- **如何理解权力**。权力不是职位、个人技能或者权威的直接作用。相反，权力来自于一个人在对其他人的重要问题上有所作为的可能性。
- **如何创造新的权力**。增加企业中的可利用权力，更多的人将承担相互协作的风险。

- **如何巧妙利用权力**来更好地制定战略，提高领导力和进行组织设计，从而达到传统管理方案无法达到的业绩水平。

我们将通过GrandeMart企业的遭遇来讲述这些经验教训。我们通过给地方的商店经理提供一种新的权力来源，使这家企业成功解决了一个关于业绩的问题。

权力意味着什么?

大多数管理者都明白权力是企业生活的重要组成部分。但是，他们的理解经常沉浸在传统硬性方法和软性方法的假设中，往往会有所偏差。硬性管理方法的假设是，权力是职位或者正式权威的必然结果。这种信念往往反映在一些评论中："你在组织结构图上的位置越高，表示你的权力就越大""如果你有权威，那么你将自然而然拥有权力""知识意味着权力"。

相比之下，软性方法则侧重于领导风格或者个人特质，比如个人的魅力。反映这种观点的评论有"她是一个非常强大的人"或者"他有一种展示力量的风采"。

实际上权力并非如此。过于复杂的组织有着各种各样的管理者，根据组织结构图所示，他们拥有权力，但实际上他们几

乎没有权力去影响事情的发生。（参见附文《关于权力的三个谬论》）

对权力的这些误解并不会造成太多负面影响。因为在传统的流水作业线中，人们完成工作所需的交流互动相对较少。但是，业绩的形成越是需要不同组织单位之间的多重互动，这些关于权力的常见误解给公司及其员工带来的成本投入就越大。

牢记于心

关于权力的三个谬论

- *权力是地位的一种属性*。这种说法是不正确的。无论汇报程序是完整的，还是分散的，都只是正式的约定，并没有形成任何自发效应。
- *权威即为权力*。这种说法也不正确。合法行使权力的前提是权威，而非权力本身。
- *权力是个体及其领导风格的一种属性*。同样，这种说法也是错误的。个人特质或风格可能是行使权力的方式，但是并不能够决定个人是否拥有权力。

权力是什么？ 权力就是，一个人在对他人重要的问题或利

害关系上有所影响的可能性。因为A可以在对B重要的问题上造成影响，那么B是不会在没有A的干预下行动的。权力总是以这样或那样的形式存在，对于事情结果的影响也有好有坏。它可以直接或间接地帮助人们朝着一个特定目的或目标前进。你可以看到企业中那些员工正在做的事情，如果让他们自己去完成，他们可能并不情愿去做。一定需要有人对他们行使权力才能达到目的。

换句话说，权力来自于对他人及与企业相关的不确定因素的控制。对于不确定因素的控制决定了个人与企业之间的交换条件。一个参与者对其他组织成员控制的不确定因素越多，这个参与者在其参与事项中就拥有更多的谈判条件，从企业中获得的回报也就越多。这一观点主要来自于米歇尔·克罗齐耶和艾哈德·弗里德伯格关于战略分析方法的研究。让我们把注意力再次投向MobiliTele公司那些收发器工程师。因为他们能够为收发器和系统的其他组件制定规范，从而决定其他部门的工程师需要进行怎样的返工操作，所以他们控制了这些部门的一个关键的不确定因素。因此，无线电收发器工程师可以根据自定的优先顺序来组织工作，其他部门则必须做出调整并承担后果。

正如这个案例所表明的那样，权力只存在于人与人之间的关系中，这是一种不平衡的行为交换。尽管人们普遍认为，权力与当事各方所获得的信息失衡并没有太多相关性。但是，这种不对称性与关系中的交换条件有关：行为相互作用的可能性。因此，这种不平衡的力量来自于这样一个事实，即A在与B相关的利害关系中产生的影响比B对A的影响要大。但是，在另一个问题上，随着利害关系的变化，B的权力可能超过A。权力既不是地位的属性，也不是人的个性特质的属性。更确切地说，权力来源于一种与某种处境相关的关系。

权力对于行为如何相互适应有重要影响。权力最大的人承担的调整成本最小；权力最小的人所承受的压力最大。弱者会调整自己的行为以适应强者。根据这些行为调整和结合的情况，结果将或多或少对业绩产生有利影响。对掌握权力者来说，如果理想偏离了企业的总体目标，那么这种权力平衡将对企业产生不利影响。MobiliTele公司强大的收发器开发部门就是如此。该部门的理想状况对公司迅速将优质产品推向市场的能力产生了负面影响。

为何增加权力控制总量如此重要?

人们利用权力来调动集体行动，从而推进整个企业进一步实现目标。这是一件令人难以置信的事情。而这种情况在第二章提到的InterLodge公司中也曾发生过。当酒店前台被赋予更多权力时（通过赋予其关于维护部门和客房管理部门员工评估的话语权的形式），他们就有更大的能力去发挥整合者的作用。当然最终结果是，企业中形成了更多更加有效的协作，对企业实现其目标产生更加有利的影响。

InterLodge发生的这一情况被商业人士称作“赋权”。这个过程涉及将权力从后台职能重新分配给前台人员。在过去，后勤部门的维护和内务岗位的晋升完全由本部门的管理人员来决定。通过赋予前台人员在后勤部门绩效评估和晋升决策上的发言权，部门管理人员的部分权力便由此转移给了前台人员。

然而，尽管这种权力的重新分配可能带来一定效果，但是在业务复杂的情况下，创建出更多新的权力来源对企业来说越来越重要。应对复杂性需要更高层次的自主性和协作性。但是，当人们进行协作时，他们将不再自给自足，而是变得更加依赖他人。因此，你对他人的影响力（或者无影响力）将在你决定是否协作以及协作力度的过程中发挥核心作用。你对别人的行为影响越大，你就越有可能依赖他人的行为。换句话说，权力决定了投入协作交互和行为互惠的能力，这对于解决业务复杂性问题至关重要。

因此，企业中的权力往往需要超越“零和博弈”。如果只是将权力重新分配，那么随着绩效指标要求的增加，总会有人没有权力介入这种协作游戏。InterLodge公司如需为客户提供新型服务（如互联网接入服务），那么管理者就必须为维护人员创建新的动力基础。

你需要创造一个“正和博弈”。你需要增加企业中权力的总量，这样一些人的权力获得就不会以牺牲其他人的权力为代价。这种新的权力可以使处于整合者角色的管理者受益，也可以使团队成员受益，从而达到进一步协作的目的。这样，你就可以以一种连贯而灵活的方式，将更多人的智慧应用在更广泛的战线，从而提高工作效率和人们的适应性。

管理者在增加权力中的角色：创造新的利益

在现代商业组织中，鉴于权力对于成功十分重要，管理者的一个关键作用就是找到方法来创造新的权力来源，并扩大企业内部的权力基础。管理者可以通过增加至少一项对某人重要的利害关系来实现这一点，而这项利害关系的实现取决于企业内部的其他人。利害关系给人们带来一定影响，对人们来说十分重要。利害关系可以是正面的，也可以是负面的，是某个特定的个人或群体想拥有或避免的。那些重视利害关系的人拥有权力之后，那些能够影响到利害关系的人则能够从前者身上获益。当某个利害关系开始形成，它便是一个新的权力基础。当一些人从中受益，其他人的利益并不会因此受到损害。

当然，并不是所有的利害关系都能形成一种权力，来调动整个企业朝向其需要和希望的方向采取行动。对个人或群体有意义却与企业绩效要求无关的利害关系显然不是恰当或有效的利害关系。相反，管理者需要找出与相关参与者相关联的利害关系，同时也应在企业的绩效要求方面建立积极的关系。

为了说明这些概念，让我们以大型零售商GrandeMart为例，去了解如何使用简单的干预手段来创造新的权力，从而达到业绩提升的目的。

GrandeMart：管理者需要增加价值，但已经丧失权力

十多年来，这家零售商在两条战线上节节败退：一是在售价方面，折扣商店比GrandeMart更有竞争优势，二是在特定商品类别上，较之GrandeMart，专卖店能够提供更多质量更高的商品。在这种情况下，公司的市场份额正在逐渐被蚕食，销售量和客流量每年都在减少。

为了重新获得市场份额，GrandeMart必须寻求一种解决方案，使其商店适应地方日益增长的多样性消费模式和偏好。GrandeMart的顾客档案变化尤其令人瞩目。例如，在一个主要城市，位于三个不同地段的GrandeMart目前正在为不同类型的顾客提供相应服务；而在十年前，这三个地段的消费者情况基本相同。在公司门店多样化和产品本地化计划中，高管团队命令每家门店每月举行一次促销活动，来展示对当地顾客极有吸引力的产品。每个月，每家商店都会重新安排布局，更新展示商品，并举

行和特定月份相关的主题活动。

要做到这一切，商店员工必须非常勤奋，反应迅速。他们还必须在商店内跨部门（如杂货、个人护理、家庭用品和其他区域间）进行协作。商店经理也必须调动团队的力量，使团队的工作步调达到一致。

然而问题就出在这里。虽然他们拥有权威的职位，但是GrandeMart的商店经理在员工关心的问题上没有多少权力和影响力。多年来，随着市场的变化，该公司和许多其他公司一样，都在集中其主要职能，以便从规模经济中获益。结果是，商店经理再也无法为他们的员工带来太多改变。所有与员工日常工作相关的问题，如产品分类、产品可用性、售价、人力资源管理政策和体制等，都由企业核心决定。正如一名员工所述，经理已经变成了“和蔼可亲的保姆”。还记得我们在第一章中提到的那些酒店经理吗？他们对自己所有的管理任务怨天尤人，却又把大部分时间花在了这些任务上——GrandeMart的商店经理也是如此。因此，他们总是拒绝月度的促销活动，他们正在调整自己的目标和志向，以适应他们有限的权力——调动各团队所提供的匮乏资源。

多年以来，GrandeMart的商店经理们早已无法对商店的产品分类、采购、售价、政策和体制造成任何影响。对一致性和规模经济的竞争性要求却并没有消失。那么究竟该如何在不影响其他需求的情况下，在商店中创建一种新的权力来源，从而使他们能够在本地化计划中有效地调动团队的工作积极性？

建立新的权力基础

挑战在于，找到一些具有以下三个特征的利害关系：

- *它对整个企业都很重要*，因为它对企业满足业绩要求的方式有一定影响。
- *它对商店部门很重要*，因为它涉及一种不确定性，这种不确定性会影响人们在特定情况下必须做出某些行为。
- *它由商店经理所控制*。重要的是，商店经理有可能对这种关系造成一定影响，这种情况将增加他们的权力范围，这样他们就能够调动商店员工的积极性来满足本地化的新业绩要求。

我们确定的利害关系与一个重要的绩效指标要求有关，那就是提高客户满意度，特别是涉及顾客不得不在结账时排队等待的情况。结账时的等待时间是顾客店内体验的关键决定因素，这项因素明显影响着顾客忠诚度和光顾频率。

等待队伍越长，顾客来商店的次数就越少。一些顾客看到队伍排得太长，就有可能不耐烦地回到车上离开。在一次重大的宣传活动中，GrandeMart宣布，为了更好地服务顾客，收银台前的队伍将永远不会太长。该企业甚至在一些商店的地板上标注了

“太长”的确切含义。

为了履行这一新承诺，高管团队决定，只要收银台前的队伍排得太长，他们就会开放新的收银台来办理结账业务。然而，要开放更多的收银台，就需要其他部门的员工来操作收银台。这样的新尝试提供了我们所需的机会。这个利害关系对企业业绩至关重要，也同整个商店的员工息息相关。

领导突然要求商店员工帮助结账，这些员工的感受取决于他们当前的工作情况。当他们被迫中断正在进行的一项任务，或面对因排队而等得不耐烦的愤怒顾客时，他们会觉得整天的工作状态遭到了严重破坏。然而，在某些状况下，当他们因为不得不去帮助顾客结账，而从一项并不十分感兴趣的工作中解脱出来时，他们会觉得这是一种快意的消遣。我们都有自己喜欢的工作任务，而这种积极的情感往往是由环境决定的。

我们的想法是，让商店经理来决定哪些员工可以被调离自己的岗位，去缺员的收银台负责结账工作。我们并没有制定任何详细的标准或规则来决定他们应该选择怎样的员工，而是让他们自己做出判断。我们的目标是给他们创造一种新的权力来源，他们将利用这种权力，在动员各部门进行每月的本地化活动这一工作任务中起到平衡作用。

乍看之下，让商店经理决定员工必须在顾客需求旺盛的时候去额外的收银台工作，似乎是一项微不足道的改变。这种措施并没有涉及任何重大的结构变化，也无须通过传统的软硬管理方式。然而，经过仔细思考，你会发现这种简单的改变将带来巨大的影响力。如今，商店经理也能够产生一定影响力，这种影响力不仅对其员工至关重要，也与商店业绩情况密切相关。在高效运转的企业中，创造价值和拥有权力好比一枚硬币的两面。在进行组织设计时，从权力的角度来考虑大局是很有必要的。商店员工现在可以从服从商店经理设定的优先事项中获得一些好处——即只有在他们愿意的时候才会被分配至收银台。“如果你在特殊活动中与他人融洽协作，那么我在安排员工调至收银台时会考虑你的表现。”——这足以让商店经理在这场游戏中获得一张新的筹码。

员工的行为开始就此转变。他们开始积极听取商店经理的意见，考虑其需要和优先事项。关于商店经理量身打造商店产品和月度特别活动的想法，员工也有了更多参与。在这些活动中，他们更愿意与其他部门的同事一起协作完成。

商店中协作行为的增加，也产生了一些强大的二阶效应。第一个是关于月度特别促销活动。在过去，这些活动对于商店经理来说是一项约束因素，以至于他们实际上对此十分抗拒。但是，如今他们可以更有效地调动起员工的积极性，所以这些促销活动成了一种资源，商店经理也乐于将他们的全部精力都投入其中。这些活动为商店带来了更多改变的机会，同时，在经营企业这场游戏中，它们也创造了更多的筹码。

通过增加权力控制总量，GrandeMart得以在核心位置保持必要的一致性和规模经济，同时为商店经理提供了在本地门店运营中实现定制化改进所需的权力。在这些努力下，采用新方法的商店销售额增加了好几个百分点，客流量也相应增加。前两种方法导致的业绩下降趋势终于得以扭转。

但还有另一些次要利益：中央职能部门与商店经理之间的协作得以促成。GrandeMart企业的核心管理人员定期设计业绩改善计划，并在各门店进行推广。在过去，职能部门和商店之间的交互仅限于确定实施绩效计划的路线图和里程碑。既然经理的工作环境已经改变，那么他们也可以通过动员其团队去支持新的改进计划，来为职能管理人员带来更多影响。

商店经理现在控制着核心职能的关键不确定性因素。因此，更深入地听取商店经理的意见和建议，使商店经理能够有效地调动团队的积极性来参加核心活动，这才真正符合核心职能的利益。这种相对于职能管理人员的新权力造成了一种情况：商店经理也可以去承担风险，进一步与核心职能部门深入协作——比如通过使商店的潜在改进更加透明化的方式来达到这一目的。除了协调时间表之外，职能部门和商店还可以共同探索更为丰富的业绩改善机会。商店经理也更加积极地参与到核心管理部门发起的各项活动中，使商店的业绩得到了进一步提升。商店经理和他们的团队在组织体系中的表现更加出色，整个企业如今能够更加充分地从他们的智慧和判断中获取更多利益。

权力是一场正和博弈

正如GrandeMart的故事所暗示，将权力转化为一场正和博弈，恰如增加了游戏中牌的数量。牌的数量越多，每个玩家就能玩得越尽兴。在工作场所，可用权力越大，个人或群体与他人合作的主动性就越强，他们就越情愿接受绩效管理的透明性，对工作的投入也就越多——当然前提是不限制他人的工作投入。

我们要求企业增加权力的总量，并不是说每个企业部门都必须拥有完全相同的权力。没有必要（或者不可能）跨越所有工作环境和可能性来平衡权力，以确保每个个体和其他个体的权力总是相等的。然而，我们的建议是，需要避免权力过度集中，以免他人从协作中退出——这一点是重中之重。在协作游戏中，当一些玩家被其他玩家控制时，他们往往会孤立自己。当手中的牌低于一定数量，只要能够做出选择，那么人们最好停止协作，因为他们将因此承担大部分调整成本。只有那些能够处理与他人相关的关键问题并控制相关不确定因素的参与者，才能在以协作为基础的交互关系中有属于自己的一席之地。

当为那些在企业中一直处于主导地位的人们创建新的权力基础时，最重要的是确定发挥真正作用的新权力的临界范围。有时候，我们会听到高管人员说："由于新的评估体系，我们的经理被赋予了公平评估绩效的权力。但是他们并没有去行使这种权力。他们给每位员工都打出高分，但是很明显这些人的表现并没有达到应有的水平。"还有一种情况也经常出现：经理们被赋予了一些管理团队的新方法，但是他们却缺乏执行这些方法的勇气。这种判断力是软性管理方法中典型的伪心理学表现。人们拥有一些威信（在某些决策方面），但这不是真正的权力。好比一个士兵面对十个敌人，但是他的枪里只有一颗子弹。在这种情况下，手中的枪并不是资源，而是一种约束。若使用枪支，这样的决定给士兵带来的新问题要比当前需要解决的问题还多。

当你创造权力时，必须考虑到人们需要拥有足够的权力以供利用。如果权力大小低于一定程度，那么这种权力就不是资源，而是约束条件。这也正是为何经理们不去使用他们被赋予的权力，因为这种权力并不足以产生影响。假设经理们使用了新的评估体系，给表现不佳的员工打出较低分数，那个员工也许就会回应道："我真是失望，简直灰心丧气。那么我可以参加培训课程来提高自己的工作能力吗？"但是假设经理没有任何培训资源，他将不得不拒绝这个请求，还将无法指望团队成员在工作中积极投入。

若想了解人们是否拥有足够的可用权力，唯一的方法就是应用第一条简化法则：了解员工行为及其背后的原因。对于那些中层管理者，你需要针对以下问题做出回答：

- 在预算、人员配置、目标设定、绩效评估、团队重要利害关系的影响等方面，他们可以使用哪些手段进行自由支配？他们使用这些手段的发挥空间有多少？
- 如果管理人员使用这些手段处理问题，会产生怎样的结果？这些手段是资源还是约束？
- 你是否创建了由目标、资源和约束所构成的适宜的工作环境，使管理人员有效地利用这些手段独立而合理地解决问题（合理性策略）？

利用权力来应对复杂性问题

增加企业中可用权力的总量，给管理人员创造条件使其为了完成更多的绩效指标要求去思考和行动。这种做法在战略和领导力方面有一定影响，对企业的组织设计也有一定启发。

战略性和领导力要跟上复杂性的步伐

企业中的绩效指标要求不仅数量繁多，而且往往相互矛盾。每当出现新的要求时，企业就会拥有一个新的自由发挥机会，它们会因此获取或失去客户，进而影响其市场地位。这种业务复杂性为企业竞争带来了新的波动。实际上，每一个额外的绩效指标要求都为竞争对手创造了新的机会，使各方能够在彼此之间制造差异。这是自20世纪50年代以来，市场领导地位波动率增加了22倍之多的主要原因之一——这种波动率以竞争对手之间市场份额变化的频率为衡量标准。针对这种波动率，企业战略无须注重企业所处位置——在某个领域中是否拥有自己的堡垒，而是需要在机会出现时能够第一时间适应机会。夺取竞争优势的关键在于企业的敏捷性和适应性，因此企业需要培育出更多选择项。

第三条简化法则正是构建这些选择项的基础：通过增加机会范围来丰富企业体系。只有人们拥有权力，企业中才能创建出新的权力。企业增加了权力总量，也就意味着扩大了可能的战略行动范围。正如法国军事战略家安德烈·博福尔将军所指出的，战略的本质是保护和增加行动的自由度。企业不只是为了服务于战略的执行，相反，它决定了一种战略的可能性。

然而，领导这样一个高度适应环境的强大企业，对管理者来说是一项新的挑战。管理者们需要不断地寻求方法，来发掘更多对人们有意义并且对绩效标准也十分重要的利害关系。他们需要密切同员工接触，了解员工的需要和目标，了解对员工真正重要的影响因素。管理者们需要去探索人们行为的本质。

组织设计中的权力整合

在传统软性和硬性管理方式中，权力是组织设计中缺失的一项要素。当企业的组织设计只关注结构和流程时，往往导致我们所说的钟摆效应，即权力在某一群体和另一群体之间来回摆动，常常给企业带来一些不稳定的影响。

让我们以不同的组织设计方案为例，来解决业务管理人员和项目经理之间不可避免的紧张关系。从20世纪80年代开始，许多企业开始引入项目经理的新角色，以改进产品开发流程并提升客户服务能力。这种发展使企业矩阵结构的存在更加普遍。设置项目经理角色的目的是让来自许多不同生产部门（营销、设计、工程、制造、销售、采购等部门）的成员组成团队合作开发新产品，促使团队成员按照规范标准在预算内按时完成工作任务，或者为重要客户提供更加完善的服务以便为企业谋取最大化的销售利益。

项目经理需要权力来有效地实现这一目标，企业管理者便赋予他们权力来对其团队成员进行评估，而这一权力从传统上来说往往在业务管理人员手中。除此之外，项目经理还在团队成员奖励和晋升方面有一定的发言权。但是，这种权力是建立在以牺牲业务管理人员权力为代价的基础上。所以，当涉及实现生产目标时，例如发展新的技术能力或采用新技术标准时，业务管理人员动员其团队成员完成工作的能力将会下降。虽然这些企业在实现短期目标方面取得了显著进步，但是在实现远期目标方面——例如保持和扩大劳动力经验基础或从事尖端技术创新方面，企业业绩却严重下滑。

面临这种困境，企业管理者开始意识到他们在远期目标实现方面正在失去优势。于是，他们开始重新进行另一项组织设计，来重新授权给业务管理人员。当然，这种新的权力转移往往以牺牲项目短期业绩为代价。这种来回反复的规划好似钟摆不停摆动，每一次执行都对业务有所影响，使人们不知所措，这些企业却依旧无法平衡其短期需求和长期需求的关系。

企业矩阵结构并非绝对必要，但是没有一个矩阵结构可以在不增加权力总量的情况下成功运转，以使企业中每个人都有足够的权力来实现他们的目标。企业通过设立由业务管理人员控制的新的利害关系，使钟摆停止了摆动。这项新的利害关系正是基于专业性的工程师职业发展。业务管理人员负责对工程师的各种专业技能进行评估，并有权力将优秀人员调配到专家位置。这种责任恰似游戏中的一张新牌，这张牌就落在业务管理人员的手中。这项利害关系还与企业中一项重要绩效要求有关，那就是员工的能力培养。现在业务管理人员和项目经理都已拥有权力去动员团队完成短期和长期目标。

在企业组织设计中，钟摆效应的另一个案例，是关于权力集中与分散的争论，这场争论可谓由来已久。几十年来，许多企业决策往往受到地方管理人员的操控，包括广告、制造、采购、招聘和促销等。例如，在银行中，最关键的决定通常由分行经理做出；在制造业企业中，做出关键决定的一般是区域经理。

接着，在大约20年前，情况开始发生变化。贸易壁垒的转移给企业提供了一个机会来享受规模经济带来的益处，而技术创新正是实现这一目标的新途径。企业集中职能，并执行标准化流程。地方管理人员发现，他们自身几乎没有任何权力，GrandeMart的商店经理也是一样。在那些企业中，关于人员配置、产品选择和供应商关系的决策都是集中管理。在制造业企业中，区域业务主管往往只能作为地方监管事宜的联络人。

当然，最近的状况又有所不同。全球市场变得更加动荡，商业需求也更加旺盛。因此，企业需要适应本地化商业环境，满足本地需求。他们需要在本地运作中发展新的能力，以确保企业具有响应性、适应性以及定制化服务。

许多企业再次对一些行为进行分权管理，但是，这些举措通常以牺牲其他需求为代价，并且引发了另一波再集中化的浪潮。这种摇摆不定的转变不仅无法满足各种绩效指标要求，还徒增了因企业结构频繁变化带来的干扰。唯一的解决方案是，在诸如商店、分支机构和区域这一等级范围内建立新的权力基础，从而实现规模经济和本地化经营。接着，集中化和分散化所针对的问题便由此得到协调，而这是任何结构性解决方案都无法实现的。

同样，这种成本高昂却毫无效果的反复性组织设计，是受到对结构内在效应的信念的影响。但结构效应是间接的，它的产生需要条件：

- 它受到与企业结构所结合的其他组织元素的制约。
- 它是间接的，因为重要的并不是那些组织元素本身（无论是根据其假定的利弊因素来考虑其本身，还是根据其相互一致性来考虑其本身），而是这些元素的组合将如何形成可促使人们调整其行为的工作环境，即目标、资源和约束因素。

无论是在业务管理和项目管理之间，还是涉及权力的集中化和分散化，管理方式上摇摆不定的局面可以得到一定控制，但是这需要在组织设计的核心层面对权力进行严格细致的思考。（参见附文《组织设计：超越结构、流程和机制的思考》）

简化法则工具箱

组织设计：超越结构、流程和机制的思考

不要从结构、流程或机制的角度来考虑企业组织设计方案。我们的组织结构是否正确？我们是否应该按照客户细分、区域或职能来规划企业？我们的业务流程是应该采用并行方式还是顺序

方式？由于这些解决方案都应该具有满足特定绩效指标要求的内在优势，因此，随着需要满足的要求越来越多，最终你将得到一个按照区域、产品、职能、区段等方面划分的N维矩阵组织结构。

相反，我们应从权力基础和由此而生的能力方面来进行组织设计。能力是具体的行为，那些拥有权力和意愿去执行某件事的人们身上拥有能力。我们希望我们的企业未来能够完成哪些当前无法实现的目标？哪些人需要有实现这些目标的权力？我们将如何为他们提供这种权力？

……………………………………………………………………

在进行组织设计决策时，需要考虑以下几个与权力相关的问题：

- 确定对于企业组织成员的重要利害关系。是在某个项目上的人员配置？是某项技术？是团队内任务的分配？工作流程的控制？工作时间？晋升？还是地域流动性？
- 确定控制这些利害关系的人。这些人控制了哪些因素？他们的目标和所面临的困难分别是什么？
- 评估是否存在权力过度集中的现象——某些人的工作涉及多重绩效指标要求，权力过度集中将妨碍这些人对于工作的投入程度。

· 确保每个职能都拥有它所需要的权力，并相应地创建出新的权力基础。

企业在应用第三项法则时所做的变更——比如赋予商店经理以关键的员工配置决策权——这样的变更与重大的组织结构变更相比看上去简直微不足道。但是，管理层在进行单纯的结构性改变时，并无法顾及权力和协作等因素带来的系统性效应。因此，结构性变化往往不及一些细微改变对业绩的积极影响作用大。当然，权力资源十分必要，但不足以保证企业中存在良好的协作性。所以，要使协作过程产生积极作用，约束因素将必不可少。关于这点我们将在第四、五、六项法则中进行详细阐述。

简化法则三小结

当你在对企业结构、流程和机制增添因素时，请务必增加权力控制的总量。这样可以避免复杂性的增长，也能够以更少的成本获得更多的利益。要实现这一目标，可以使某些职能去影响与其他职能相关的新利害关系。

· 在应对复杂性问题的过程中，当你要针对核心管理层和工作单元之间，或职能岗位和业务管理者之间等关系结构做出组织设计决策时，需要确定企业从新的权力基础上得到的利益在某些方面是否满足了更多需求，这样，未来就无须将管理的钟摆推向另一个方向（来回反复的决策只会因人们的关系摩擦和工作中断而导致更多复杂性问题的形成）。

- 当你必须创建新的职能角色时，需要确保你给予他们发挥其作用的权力并不会以牺牲他人权力为代价。
- 当你为管理人员创建新的管理工具（例如计划或评估机制等）时，请确认这些工具是否构成了资源或者约束因素。同时给人们提供一些工具要比按照时序性陆续提供更多工具的效果更为显著（因为同时使用这些管理工具能够产生足够多的权力）。
- 定期巩固权力基础，以确保其敏捷性、灵活性和适应性。

4
法则四
多元化目标与自主性环境

如何确保企业以最有效的方式去引导每个人的自主性？我们在前几章中描述的三条简化法则可以有助于人们提高处理复杂性问题的能力，即满足企业快速变化且相互矛盾的多重绩效指标要求的能力。在这些法则的帮助下，人们拥有了新的资源——对他人及其工作环境的了解、促进他人协作的整合者角色以及新的权力来源。在这些资源的基础上，人们便能够做出更优的决策并采取有效行动。换句话说，这些法则涉及利用群体来影响人们的自主性，它们的作用是增强个人潜在的判断力和精神力量。

在接下来的三个章节中，我们将分别阐述三项能够驱使人们处理复杂性问题的简化法则。这三项法则将引导人们利用增强的判断力和精力，让他们做出更好的决定，并采取行动来使整体业绩得到提升。这三项法则的意义在于，它们可以促使每个个体发挥自主性服务于集体，确保人们通过前三项法则所获得的潜力得以充分利用，从而为企业创造更大的利益。

通过创建反馈循环，我们可以应用最后三项法则来实现这一目标。这些反馈循环尽可能直接地暴露人们行为的后果。其中一些反馈循环包含在工作任务和活动中，而非来自于外部，所以它们给人们带来了直接影响，包括有利影响和有害影响——这取决于他们在当前工作环境中做了多少有益之事。直接反馈循环的应用会给企业带来更多灵活性和适应性，因为这种循环会根据特定的环境进行调整。你创建的反馈循环越直接，就越能更好地满足绩效指标要求，也就能避免更多企业复杂性方面的问题。

第四项简化法则创造出一种共识，即个体的成功取决于他人的成功；同样，整体的表现取决于个人或群体之间的协作。我们所说的互惠意识，是指企业成员认识到他们在协作中有着共同的利益，也就是说，个体的成功取决于集体的成功。通过应用这一法则，那些涉及业绩的工作任务在技术和经济方面的相互依赖性反映在人与人之间的相互依赖性上，因为这其中涉及共同的利益。增加利益互惠的主要管理工具是关于多元化目标的设计。

在本章中，你将了解到：

- **关于角色和目标设计的硬性管理方式实际上破坏了人们的互惠意识**。对于权力的传统观点可能导致适得其反的零和博弈的权力转移以及管理方式的钟摆效应；同理，人们对于角色和目标的普遍误解也使得他们更难——甚至不可能意识到协作带来的共同利益。

- **如何设计多元化目标**。目标的多元化有助于企业组织中互惠行为的形成。这些目标由三个要素组成：集体产出目标、个体投入目标和重叠性目标。在这些元素的作用下，人们的相互依赖性更加清晰可见，他们也将因此意识到利益互惠的必要性。
- **如何改变工作环境以强化目标的多元化**。企业可以采取三个步骤，来强化其目标的多元化：消除内部垄断，移除那些导致组织结构机能失调的自给自足的资源，并创建多重互动的关系网（也就是我们所说的多重性关系）。这些步骤加强了企业内人们的相互依赖性，迫使他们重视相互协作的必要性。

我们将以一家生产工业产品的企业为例，来阐述以上观点。这家被我们称作Industronal的企业在提高产品质量方面面临着巨大的竞争压力。我们将进行讨论：多元化目标的设立是如何帮助该企业采购部门在保证质量和时效的前提下应对消减20%采购成本的必要性，最终将产品交付给企业内部最终用户。

关于角色和目标的三个错误概念

在深入Industronal的故事之前，我们将纠正三个关于定义员工角色和目标的错误概念，这些角色和目标源于所谓的硬性管理方法的最佳实践。我们会了解到，这些错误概念非但没有促进利益互惠性的增长，反而破坏了互惠行为的形成：

- *角色和目标越清晰越有利*。第一个误解是，个人的角色和目标应该尽可能详细和明确。虽然不提倡角色和责任在定义上的混淆，但是我们坚信这些定义中存在一定程度的模糊是一件好事。回想一下接力赛的例子：人们的确有必要明确四位短跑运动员的比赛顺序，也有必要明确第一棒运动员的角色定位——第一棒接力者起跑的速度至关重要。但是，在一些重要的灰色地带，短跑运动员的角色在某些方面不能也不应该被精确地定义。例如，运动员应该何时将接力棒传递给下一位运动员？在起跑后96米处？还是97米处？当你将角色定义得过于清晰时，通常会产生与预期相反的效果，因为这样的做法给人们提供了机会来回避相互依赖性。相反，他们只是遵守规范（“按照你的意思，我在96米处将接力棒交给了下一位”），在完成任务后就此了事，却并没有与他人一起探索达成理想目标（平稳快速地交接接力棒）的方法。（参见附文《谨防定义过于清晰》）
- *协作冲淡了个人责任感*。第二个误解是，责任感总是且只能存在于个体中——“如果人人都有责任去做一件事，那么最终将不会有人对其负责。”但是，正如我们将看到的，相互依赖性的现实是，我们无法对责任进行解析，来完美定义每个人身上分担的责任。同样的任务也可以由多人来负责。例如，在接力比赛中，两名运动员都明白，在必须交接接力棒的20米左右范围内，他们双方都承担着责任。如果接力棒在交接范围内掉落，那么这个错误应当由双方来承担。

· *相互依赖性破坏了责任追究的原则*。我们经常听到管理人员提到：“我该如何对依赖于他人业绩的结果来负责呢？”第三个误解正是：只有当我们对工作有着唯一权力并控制完成任务所需的所有资源时，我们才能对我们的工作负责。然而，事实是只要能与在一定程度上控制资源的其他人进行协作，那么我们就有可能在未完全控制所有资源的情况下承担工作责任。

简化法则工具箱

谨防定义过于清晰

· 抵制明确角色、决策权和流程的压力。尽量保持角色之间适当的模糊性和重叠性。

· 达到一定程度后，清晰的角色定义只会促使人们机械地遵从指令和重复行为，却并不会引导他们投入精力积极主动地完成工作。

……………………………………………………………………

这些误解如何体现在实际工作中呢？你一定听员工说过：“老板，请确切地告诉我，在这个过程中，我的责任范围究竟是什么？责任范围不清不楚我们可遭大罪了。没有人知道一个人的工作从哪儿结束，另一个人的工作又该从哪儿开始。”当有人以这种方式要求明确责任范围时，他们通常是为了避免被迫承担来自他人的错误。对于这种要求，如果你提供了完整清晰的责任范围，那么新的问题又将出现：“好吧，如果是这样，我会对自己的工作负责任的。我需要符合我职责范围的设备、团队、预算和决策权来完成我的工作。”如果你表示同意，即使小心翼翼并未赋予其太多资源，你也会发现自己已经创造了一个“奇迹”：所有的相互依赖性都将不复存在，人们也不再需要协作来完成工作；现在，那些要求清晰定义角色的人们已经完全自给自足了。由于有了清晰的责任清单，个体终于可以不受其他人的约束，摆脱了完全受他人支配的协作状态。每个人根本无须依赖他人的帮助就能够处理好自己的工作。然而，这种情况对于整个企业来说会有怎样的代价呢？自给自足的方式也许给人带来一定的舒适性，但是这种舒适性对于企业的成功来说实则是一项不小的隐

患。（参见附文《自主性与自给自足的区别》）

牢记于心

自主性与自给自足的区别

- 自主性意味着我们充分调动自己的智慧和精力去影响结果，包括那些我们不能完全控制的结果。
- 自给自足就是我们并不依赖他人，而是把自己的努力限制在那些我们能够完全控制的结果上。
- 自主性对于处理复杂性问题至关重要，而自给自足却是一种障碍，它阻碍了我们发挥自主性所需要的协作行为。

Industronal所面临的挑战：在保证质量的同时削减成本

为了解决质量问题，Industronal的管理层决定增加研发投入。然而，这意味着只有削减其他部门的成本，才能节省出必要的资金投入。正如高管人员所定义的那样，采购部门对此项行动的贡献是，削减20%的采购总成本——前提是要保证产品质量，并且按时交付产品。

采购部门由两种完全不同的角色构成：关于商品类别的策略

人员和购买人员。策略人员的职责是为如何购买特定类别的商品来制定策略，例如原材料、制造设备、IT系统或办公家具等。他们制定的策略必须清晰，其中包括供应商的选择、谈判以及涉及法律协议的详细规范等等。一旦确定策略，策略人员就会创建指导方针，并开发出购买人员所需的工具。购买人员按照区域划分来执行，他们负责处理从内部客户那里收到的所有订单。购买小组的管理人员负责遵循类别指导方针，并部署工具来处理那些订单。

从两种角度来看待购买人员的角色

这些策略人员尽了最大努力，想出了削减成本的创新方法。但是他们认为购买人员未能正确地实施这些策略。而购买人员则抱怨这些策略并不适用，那些工具和指导方针不仅很难加以应用，而且还耗费了他们太多时间。购买人员表示："那些策略人员只是一群无用的技术官僚，他们只关心自己的策略、指导方针和工具，似乎并不关心我们真正应该做些什么。"

作为Industronal采购部门的内部客户，我们观察到他们经常会绕过购买人员，直接与自己选择的供应商打交道。他们通常比采购部门购买的数量要少，在价格和法律条款上也从不讨价还价——但是他们总能得到自己想要的商品。对于他们来说，采购部门的存在已经成为一种约束因素，而供应商正是他们的资源。

这种直接交易削弱了采购部门与供应商之间的关系，使其无法实现低成本的目标。

设定多元化目标：为总体结果设定角色

在接触到Industronal后不久，我们意识到解决这个问题的一个关键就是，应当为策略人员和购买人员设定多元化目标。当这些角色面对多元化目标时，处于企业第一线的人员可以在处理多个绩效指标要求时进行日常的权衡。有了多元化目标，就无须设置流程来仲裁各项要求（或对各项要求负责的群体）之间的冲突，企业中也不太可能发生决策升级。（参见附文《多元化目标》）

集体产出目标

集体产出目标是那些依赖于多个个体和群体参与的目标。这些目标明确了相关群体希望交付的最终价值，这一价值由外部客户、内部客户或其他利益相关者所定义。这种产出是可测算的。以接力赛中的短跑运动员为例，他们的集体产出目标是赢得比赛。而赢得比赛，就需要处理一个复杂性问题，这个问题涉及两项相互矛盾的要求：速度以及（传递接力棒时的）可靠性。

牢记于心

多元化目标

多元化目标激发出了协作带来的共同利益，它使每个人的成功都依赖于他人的成功。多元化目标有以下三个构成要素：

- *集体产出目标*定义了企业要交付的最终价值；其成就取决于多个个体和工作单元之间的相互作用。
- *个体投入目标*定义了个体对集体产出的投入；其成就不依赖于其他个体或工作单元的相互作用。
- *重叠性目标*定义了一个人在其角色和领域中所做的事情，这种定义增强了他人在各自角色和领域中发挥其有效性。

产出目标在高水平标准上，可以用收益、投资回报、股价（如InterLodge）、上市时间（如MobiliTele）或市场份额（如GrandeMart）来表示。在更细分的层面上，产出目标可以包括：运营资本、毛利率、销售商品的成本、按产品划分的盈利能力或新产品销售等。在Industronal，为采购策略人员和购买人员设定的总产出目标是将采购总成本降低20%，并满足内部客户的需求。

个体投入目标

多元化目标的第二个构成因素是，在没有其他个体或群体重大参与的情况下，个体或离散群体对集体产出的贡献或投入。投入目标的某些方面是可测算的，例如，个人学习一项技能的效率及其应用该技能的效率。

个体需要依靠主动性来为集体创造价值。他们必须对正式程序做出解释，设法理解如何本着指导方针的精神来行动，并遵守相关法律条文。他们必须考虑到每种情况的具体细节，而不是仅仅机械化地按照任务表来执行工作。实际情况和程序定义之间总会有所差距。人们只有依靠自己的判断来更好地实践程序，才能弥补这一差距。而弥补差距也就意味着人们将会创造价值。多重矛盾的绩效指标要求带来的复杂性问题越严重，实际情况与法则所指导的内容之间差距就会越大。

对于缩小法则所定义的角色和责任与实际执行情况之间的差距，个体的努力是至关重要的。在接力赛中，一些投入目标是特定的短跑运动员所持有的。例如，位于第一棒的运动员需要懂得如何快速起跑。而其他一些投入目标对所有运动员来说都是共同持有的，例如：每个人都必须参加训练，以便尽可能快地跑完各自的赛程。

在Industronal，为策略人员定义的投入目标是制定创新性购买策略。对于购买小组的管理人员来说，投入的目标是培养购买小组成员的技能。我们可以在一定程度上客观评价这两种贡献：采购战略有标准的优化方法，可以用来评估其创新性，也可以评估人们对新技能的掌握情况。（参见附文《投入目标的定义》）

重叠性目标

重叠性目标是只针对他人业绩产生积极影响的贡献，在执行任务的过程中，设立重叠性目标可以增加他人对产出的贡献。一位短跑运动员的重叠性目标是以最有效的方式传递接力棒给下一位短跑运动员——对于这位需要接到接力棒的运动员来说，他的重叠性目标是以某种对前一位运动员最有效的方式来成功接到接力棒。

在Industronal，为策略人员定义的重叠性目标是确保他们为购买人员制定的指导方针和工具都切实可行，并易于应用。如果他们在考虑灰色区域时足够明智，他们就可以增加购买人员对整体结果的贡献。对于购买人员来说，重叠性目标是在处理和执行订单要求时，需要将策略人员的观点考虑进去。在这种情况下，他们可以为策略人员提供更多的机会来进一步开发创新性策略——而不是因策略无法应用而被迫不断修改同一项策略。

简化法则工具箱

投入目标的定义

在定义投入目标时，确保角色职责范围无论对于个体还是企业都具有价值，这样做可以在企业和员工之间建立一个强有力的社会契约。为了达到这个目的，请思考以下两个问题：

1. *这个角色及其目标会产生显著的学习效应吗？*在该角色的影响下，生产力是否能够得到提高，从而使企业和员工共享利益？该角色是否涉及个人能力？在获得经验时这种能力是否会得到提升？

2. *学习效应是否会随着时间的推移而持续下去？*随着技术的进步和市场趋势的变化，这个角色是很快遭受淘汰？还是仍然具有相关性？当投入目标引起持续改进和教育时，这些投入目标便具有可持续性。对于个体来说，学习是一项有价值的投资，它的价值超出了其自身目前在企业的工作价值——这就为人们当下更加充分地投入工作提供了一个理由。

当你设立重叠性目标时，需要牢记重叠性目标的成功对于业绩的实现必不可少（当然，拥有非常优秀的短跑运动员，的确是在世界级水平比赛上获得成功的终极因素）。但这种成功或失败，本质上是在客观的衡量标准范围之外发生的。接力棒的传递是衡量业绩标准的一处盲点：这个行为发生在一个无法评测出个人贡献的灰色区域。如果接力棒在传递过程中掉落，或者传递速度落后，那么任务的失败究竟要归咎于传出接力棒的运动员，还是那位接到接力棒的运动员？我们无法去判断。在Industronal，某项交易未能达到预期的成本削减，是否因为策略或执行不当？同样，也要去考虑策略人员可以在多大程度上关注指导方针和工具的实际适用性。在这些灰色区域没有任何客观的可衡量标准。只有当购买人员尝试应用指导方针或工具时，他们才能体会到这些方针或工具是否实用。当某项工具在应用过程中十分有效，是因为工具本身的实用性？是归功于策略人员的努力？还是购买人员的勤奋所致？

衡量的结果并不会抹去人们对实现重叠性目标的贡献。的确，所测即所得。但是，如果只是一味地用衡量标准来进行绩效奖励，那么最终的结果将以无法衡量的事物为代价，那就是协作。我们得到了一系列精确的绩效衡量标准，这些标准显示了企业中每个独立工作环境的运行情况，而实际上，这对于企业的整体表现来说将会是一场灾难。

三种强化机制

通过定义这些多元化目标，绩效指标要求的总体复杂性（质量、数量、准时交付和成本降低）由此显现出来，并嵌入到每个人的角色和目标中。复杂性问题就这样被推向前线。

定义多元化目标是增加企业内部利益互惠的重要途径。但是，这些目标最终只是意图的表达形式。那么，究竟怎样才能创造出一个允许每个人都能按照这些目标去行动的工作环境？管理者可以使用三种强化机制来增加人们按照多元化目标来行动的概率，消除内部垄断，减少一些资源，并创建充分的互动网络。在增加利益互惠这个讨论的结尾，我们可以思考一下这些执行多元化目标的行为能够发挥出怎样的积极作用。

消除内部垄断

垄断呈现出多种形式。垄断可能发生于行政机构、企业、部门或个人身上，也可能发生于影响下游单位或专家角色（如法律部门）所工作的上游单位。

在企业中，垄断对于其他工作单元来说是无法避免的。其他单元别无选择，只能与垄断者协作，依赖与垄断者协作的工作单元就此陷入困境。这些单元完全依赖垄断者，然而垄断者却并没有考虑到这些工作单元的需要和约束因素。由于垄断者可以完全控制自己的资源，所以它们能够避开自己的约束因素。

正因如此，无论采取何种形式，垄断的存在往往带来官僚主义。垄断者强调规则的重要性，并创建了许多自己的规则。这些规则为垄断者迫使其他工作单元去适应其内部约束增加了合法性。

不过，我们可以通过使垄断具有可竞争性或找到部分替代者来打破内部垄断。这里所说的使其具有可竞争性，意思是凭借企业组织的决策权，任何职能都不应免受他人对其工作人员在预算、投资甚至职业决定等方面的质疑。如果免受此类决策的挑战，那么垄断者将表现出封闭的行为。

“在合适的位置上安排合适的人选。”这句话正是内部垄断者抵御挑战的一种有效方式。如果一个外部人士质疑垄断内部某个人的结果、行为或决定，那么这种做法就是人身攻击，就是对生产效率的威胁。无论垄断者是个体还是工作单元，他们通常会声称自己拥有攻击者不具备且不可能理解的特殊知识或专门知识，以此作为反击（MobiliTele的收发器工程师就曾表示，其他部门永远无法理解国际收发器技术标准的复杂演变过程）。然而，即使职能部门的成员确实拥有在企业中相对罕见的专业知识或技能，也不应阻止他人在该问题上的发言权。

例如，消费品企业欧莱雅公司，在它极其快速的企业成长期间，新产品的开发和相关决策的制定都是由一个团队完成的，该团队的成员代表了研发、制造、销售和传播等职能。当时他们还没有专门的营销部门。管理层的决定是，任何职能部门都不能或不应垄断客户知识、客户洞察以及与客户相关的决策等信息；他们不允许任何职能部门独断专行地代表客户利益。开发怎样的产品，何时以何种方式推出这些产品，这些决策是通过不同参与者提出和支持的观点碰撞之后得出的。人们做出这些决策的地方有时也被称作“观点碰撞室”，在这里，每件事情、每个个体都可以参与讨论、提出质疑——这是推进决策过程、做出更好决策的有效途径。

除了使每个群体都具有竞争力之外，还可以通过使其具有部分可替代性来打破垄断境地。要实现这一点，我们需要确保存在某种形式的替代元素来代替垄断者，从而让处于垄断中的人们保持警觉。这些替代元素可以来自于内部角色，也可以从外部来源中获得。

我们以消除一家机器人制造商的内部垄断为例。这家机器人制造商遇到了一些问题。该企业的创新性总是落后于其他企业，在众竞争对手当中，它往往是最后一批将新技术整合到产品的企业之一。不仅如此，这家企业的成本超出了行业标准。管理层存在这样的心态：“我们的企业创新性不足，都是因为我们的研发工程师缺乏创造力。”所以他们的解决方案是，要求所有工程师去参加创新研讨会。这一举措却让事情变得更糟糕。

在分析工作环境时，我们意识到硬件部门和软件部门的真正目标是成为管理者眼中富有创新性的创造者。毕竟，负责创新性工作的部门通常会有更多预算和更多自主性空间。然而，当硬件部门和软件部门相互协作时，研发负责人很难了解哪个部门真正负责随之而来的创新性工作。因此，只要确保任何创新行为都能追根溯源，那么每个部门的工作行为依然都是孤立的："我们通常是新事物的真正创造者，但是管理人员并不知道负责硬件和软件的团队是否在此过程中过早地将其工作元素融合在一起。"

创新研讨会带来的结果是，在独立于其他部门的情况下，每个部门的工作时长变得更久，工作也更有深度（当然，也更有创造力）。鉴于这种趋势，当硬件部门和软件部门最终组合在一起时，他们十有八九是无法共同顺利完成任务的，这点毫无疑问。为了使整个生产工作顺利进行，他们往往需要进行许多修改，这也进一步增加了成本，产品交付期限也越拖越久。

提高创新性是一个不错的方法。但是，正如所有干预措施一样，首先我们必须理解人们为什么要去执行他们的工作。方法是次要的，重要的问题是这种方法将如何塑造工作环境，将对目标、资源和约束有着怎样的影响。在机器人公司中，硬件部门和软件部门的一个重要资源是，作为内部垄断者，他们可以促使企业的其他部门承担起二者缺乏协作性的后果。所以他们成为创新性的垄断者，这个垄断行为是以牺牲企业的利益为代价的。

为了替代这些垄断部门，我们建议该企业的市场部门与外部研究中心建立联盟关系。通过让营销人员选择其协作者（他们如今可以控制研发部门的利害关系），由此确保内部研发部门良好的相互协作性。与强制性使用计分卡、KPI、控制手段和鼓励措施相比，该企业面向外部知识与技能来源的边际机会已经足够充分，并且有着更大的影响力。在不到两年的时间内，该企业在迅速成功发布创新性产品和控制成本方面已经超越了其最强竞争对手。

减少某些资源

强化多元化目标、增加利益互惠的第二个机制就是减少资源。你也许会认为，为了减少资源，首先应该增强人们的相互协作性，这样一些资源将得到释放，也因此被消除。事实的确如此，不过，我们也可以反过来思考：依靠减少资源来推动合作。在家里，你可以搬走多余的电视机，这样大家就可以通过协作来商量选择电视节目——这比首先要求大家阅读博弈论要容易得多。

在Industronal，管理团队决定削减内部客户的采购预算，同时为采购部门的两个小组设定多元化目标。由于可用资源较少，内部客户别无选择，只能与购买人员进行协作。通过这种方式，采购行为从约束因素变成了内部用户的一种资源。

当资源充足时，个体或群体都可以单独行动。这些资源并不是用来创造价值的，而是用来实现异常的自给自足行为的，结果往往形成垄断。丰富的资源基本上消除了人们的相互依赖性和协作性。一个工作单元可以使用多余的资源来作为缓冲，来确保其不受其他部门中所发生行为的影响。例如，如果企业中有大量额外商品库存，那么采购部门和制造部门的合作需求将会减少。在多数情况下，额外资源的问题不在于其成本，而在于它的存在可以使人们避免真正意义上的协作。

当额外资源被移除后，人们则必须共享资源。他们之间的相互依赖性会得到提高，也更容易受到他人行为的影响。因此，他们也会针对自身行为会给他人带来何种影响有着更多考虑。由于人们之间相互影响，所以将他人置于不利境地的行为也可能会使自身利益受到侵害。这种反馈循环是建立在个人行为相互作用的基础上的，我们可由此避免内部契约、服务级别协议等官僚行为。

时间是企业中最重要的资源之一。如果人们拥有充足的时间来完成各自的工作流程，那么他们就无须考虑他人的情况和需要。在通信系统制造商MobiliTele，时间资源的过度消耗形成了一个保护罩，每个工程部门都可以在保护罩中独立进行工作。

反之亦然，如果人们没有足够时间来根据自己的资源去完成任务，他们就会失去只关注自身工作的舒适感。所以，当企业面临紧急事件危机时，其协作性水平将远远高于正常水平。

在危机中，人们敏锐地意识到利益互惠的必要性。每个人都会受到影响；如果我不帮助你，那么我们将一起承担失败的后果。

减少资源的目标是提高能力，而不是削减成本。以增加利益互惠为明确目的的减少资源行为，与单纯以消减成本为目的的减少资源行为之间存在着重大的差别。前者能够充分考虑到围绕协作的复杂动态，而后者往往忽视了这一点。

如果一个企业总是需要消耗更多资源来弥补协作性的缺乏：例如采购和制造部门缺乏合作导致的交付期延，设备、系统、团队、股票形式的营运资金消耗等。那么谁来为过度消耗的资源买单呢？在当今复杂的商业环境中，客户和股东都有着越来越多的选择。他们最终将拒绝承担额外资源的成本。那么谁来承担余下的成本损失？答案是企业中的员工。他们必须付出越来越多的个人努力。但是更加努力地工作（有时甚至加班加点）将永远无法完全弥补因缺乏协作性造成的损失。大多数时候，唯一的后果是，人们对工作的投入度越来越少，职业倦怠现象也层出不穷。

当企业管理者在不了解协作有可能带来更多业绩增长的情况下进行成本削减时，该企业的短期生产力可能有所提高，但其代价是能力的削弱。有时，这些能力退化到一定程度，将会导致产品缺陷、错误、安全问题的出现，还会错失战略机会。相比之下，如果一家企业以削减资源作为计划的一部分，来推动人们进行协作，那么优越的团队能力将会因此形成。这样做不仅降低了成本，创新性和产品质量也将因此得到提高。

缺乏协作性不仅会对企业满足多重绩效指标要求的能力产生负面影响，还会抑制企业通过其他方式实现生产力改进，比如技术创新、规模化和经验效应等。信息和通信技术（ICT）的应用与现代管理方法相结合，可能会以缩短等待期或停工期的形式，产生类似生产率提高的效果。这也就意味着，员工在工作场所每工作一小时，能完成更多的工作量。但是，如果没有协作性，由于非增值活动（返工、修改、报告编写、控制手段等）的增多，这些额外的工作量所产生的价值实际上会减少。如果没有为人们协作提供充分条件，信息与通信技术则不仅无法充分发挥其潜能，反而还会被人们加以利用来逃避真正意义的协作。我们可以联想一下，在电子邮件地址栏中的多个抄送，还有那些发送给十个或更多人员的电话会议邀请，这些行为真的是人们协作性的表现吗？还是说它们只是自我保护的一种方式？

多重性的关系：创建互动的关系网

强化增加互惠性的多元化目标的第三种方法是，确保人们归属于相得益彰的多重关系网络。这就是我们所说的关系的多重性。除了为采购部门设计多元化目标，以及从业务部门的采购预算中移除一些资源外，Industronal的管理人员还创建了三个相得益彰的交互关系网络，以迫使人们面对多重绩效指标要求。这种举措相当重要，它有助于确保人们在灰色区域做出有效贡献。因为在灰色区域并没有可衡量的客观绩效标准，更不用说存在任何鼓励措施了。无论如何，考虑到企业的财务状况，无论目标是否可衡量，管理者都无法依靠鼓励措施来加以管理。

第一个关系网由采购部门的策略人员、购买小组负责人以及他们的内部客户构成。这三支团队每两周便开会审查订单的完成情况。内部客户可以表达自己的担忧："我们的供货什么时候能送到？我们的订单符合规格吗？不会让我们失望吧！"如果内部客户认为采购的类别策略存在一定问题，他们可以向策略人员投诉。他们对策略的创新性并不感兴趣。如果无法帮助购买人员在质量、数量和交货期方面达到要求的规定，那么这些策略对于他们就没有任何价值。

第二种关系网络完全由策略人员构成，并且采取了通常称为"实践社群"的形式。他们定期开会讨论，每个商品种类的负责人都会向其他成员展示自己最新的购买策略。与那些并不关注创新性的内部客户的进度审查不同，在这些会议中，策略的创新性尤为重要。策略人员热衷于了解和评估其同行的策略洞察力和创造性。捆绑销售、供应商管理、需求管理、订单标准化和内销机会，如何利用（或忽略）这些具体的采购优化手段呢？正如一位参会者所述："这场会议就好比策略人员的TED演讲。"如果一个策略人员的表现不尽如人意，那么他将在这里声誉受损，颜面扫地。

第三种关系网是另一种实践社群，主要针对购买小组的负责人。他们开会讨论的内容是，比较彼此团队的生产力和其新技能学习的速度。

在这三个关系网络中，相关人员都专注于相同的工作，即相应采购策略下的具体采购需求、指导方针和工具、成本节省目标、订单规格和交付期限。但是每个关系网都从不同的角度审视了结果。在这三种思维方式的结合下，即使相互矛盾，所有的绩效指标要求也都已得到满足。这种结果并非通过以上矛盾的要求而实现，而是通过灵活的交流互动。在这些互动关系网中，人们面临着巨大的风险。例如，面对来自内部客户的愤怒，或者在同行中名誉受到损害。在这种反馈循环中，面子维护的风险太大了。相应地，在这些关系网络中，对工作表现的满意程度也非常高。这种满足感在购买人员当中是十分罕见的。就算一切工作进展顺利，对其他人来说，购买人员也几乎没有存在感——没有存在感，在工作中又何谈自豪呢?

每个个体，无论是策略人员还是购买负责人都是多重交互关系网络中的一部分。每个关系网络处理绩效指标要求的一部分，也都包含一个反馈循环。由于关系网的多重性，促使个体在其专业角色中对多重绩效指标要求都能做出贡献：创新性、实用性、购买人员的生产力和客户需求的满足等。由于处于各种交互网络的交汇处，个体不得不付出努力，使各种需求的结合最终得到满足。

由于多元化目标的设定和强化机制的作用，Industronal最终实现了削减20%成本的目标，在内部客户中也获得了最高等级的满意度。

多重性的关系避免了流程、计分卡和控制机制（包括所需的所有文件和监督）等硬性管理方法的影响，关系网内部的反馈循环促使人们充分运用了自己的智慧和技能，与此同时，也受益于与他人的相互协作。

责任感的提高可降低复杂性

多重绩效指标要求使企业实现了差异化（即更高的专业技能或本地化经营能力），同样也获得了更大的整合作用（灵活的、端到端的跨职能影响），随着这种情况的发生，增加利益互惠的举措解决了责任感的问题，这对于企业来说越来越起到关键作用。企业可以通过构建多元化目标，然后嵌入反馈循环来实现这一目标，这些反馈循环保留了专业化的利益，同时确保了人们之间的协作互动。这种举措的结果是，权力在整个企业中更加分散。这种结构如同大脑一般，像语言等能力并非来自大脑的某一处物理区域，而是多个不同区域相互作用的结果。

第四项简化法则也可以帮助管理人员抵抗人们要求明确角色

和职责的巨大压力——这种压力并不会带来正面影响，从而让他们可以从业绩和企业的角度来理解，在哪些方面需要明确信息，哪些方面需要增加价值，而不是考虑那些多余的甚至有损业绩的方面。

这项法则的应用也对应对复杂性问题有着直接的影响。我们通过设立重叠性目标，可以避免中间办公室的创建。在接力赛中，并没有一个所谓的协调运动员，去从上一位运动员手中接过接力棒然后交给下一位运动员。消除内部垄断、移除一些资源并创建多重关系网络来形成的反馈循环，可以使管理者避开那些计分卡、合规指标和鼓励措施。这些反馈循环能使管理者进行分散型控制，因为它建立在人与人之间交流互动的基础上，每个人都能够在一定程度上控制他人的行为。控制方法变得分散而灵活，而非自上而下的强硬执行。在这种条件下，企业便能够更加适应不断变化的条件。

简化法则四小结

面对业务的复杂性，企业中需要存在更多相互依赖的工作关系。为了满足常常相互矛盾的多重绩效指标要求，人们需要对彼此更加依赖。他们需要进行直接的协作，而非仅仅依赖于专用的对接部门、协调结构或流程——这些元素只会导致复杂性的增长。互惠互利是指企业中的个体或工作单元承认其在协作中存在共同的利益，一人的成功取决于他人的成功（反之亦然）。创造这种互惠关系的方法是设定多元化目标，并通过消除垄断、减少资源和创建新的交互关系网络来强化这些目标。

………………………………………………………………………………

5
法则五
展示行为的未来隐患

在本章中，我们将描述这样一个法则，它能够通过利用时间的影响，以一种非常特殊和强大的方式来创建反馈循环。这项法则也就是博弈论中所提到的“未来的隐患”——即因当下的行为导致后续结果的重要性。通过展示行为可能带来的未来隐患，我们将发现，当下行为最终会暴露其后果——所以当下行为的重要性由此突显。为了揭示出行为对于未来的隐患，我们需要创建反馈循环，让人们更迅速、更频繁、更持续地感受到他们应对多重绩效指标要求的行为将导致怎样的后果。

你将了解到：

· **如何认识到战略一致性的陷阱**。人们经常忽视行为与结果的联系，其中一个主要原因来自于企业坚持战略一致性的主张。战略一致性是一种复杂的硬性管理方式，至今在企业中依旧非常流行。然而，正如我们所预期的那样，战略一致性的标准惯例只会增加企业的复杂性，阻碍人们的协作，还将对整体业绩产生不利影响。

- **如何使用基于时间的反馈循环来创建一个更加有效的工作环境**。我们将提供四种不同的方式，来向人们展示行为的未来隐患：通过增加交流互动的频率来收紧反馈循环，将终点向前推进，将未来和现在进行捆绑，让人们穿上自己为别人做的鞋来走路。这条简化法则主要借鉴了博弈论和阿克塞尔罗德在《合作的进化》一书中的观点。不过，我们在组织分析方面的工作以及在执行团队中的经验，有时会导致我们提出的观点似乎与阿克塞尔罗德的建议相悖。尽管如此，正如你将了解的，在更深层次上，矛盾并不存在。

我们将通过各种案例研究说明战略一致性的危害以及展示行为可能带来未来隐患的好处。我们将对MotorFleet的故事进行特别关注。MotorFleet是一家制造商，其管理者正在针对汽车的可维修性来加入一项新的绩效指标要求——在此之前，这家企业已经存在众多要求（成本、质量、安全、能耗、上市时间，等等）。

战略一致性：复杂性问题的陷阱

管理者常说的战略一致性是什么意思？如果这意味着我们必

须在企业组织设计时考虑到支持战略的执行而非设法阻碍，那么这只是一个老生常谈，并没有多大用处。那么究竟是谁会认为结构、流程和体制不应该有助于战略的执行？

事实上，管理者在使用这个术语时，想要表达的意思往往更加详细具体，这就是问题的开始。战略一致性的标准惯例有三个主要限制：

- 它采用一种机械的方法，当面对业务复杂性的现实问题时，它会将企业组织变成一台愚笨的机器。
- 它将企业与线性设计序列联系在一起，而线性设计序列只会将人们绑缚在一起。
- 它创造了只能制定出愚蠢策略的愚蠢企业。

愚笨的机器

从最直接的角度来看，战略一致性就是众所周知的准则——“从战略到结构”的机械式应用。要理解这种方式中存在的问题，我们可以将企业想象成一台只有一个程序的愚笨机器，每当引入新的绩效指标要求时，该机器都会添加一个新的专门职能来处理这项要求：“质量保证是一项新的需求，那么我们就要在企业这台机器中增设一个质量部门。”

正如我们所见，在过去的55年中，企业中绩效指标要求的数量增长了大约6倍。这意味着我们愚笨的机器将不得不将每个新的专有职能和所有现有职能联系起来，这样，业务的复杂性将至少增加36倍。这与我们复杂性指数（在引言中有所描述）的增长非常接近：35倍。换句话说，企业的发展与我们想象中的企业机器的发展几乎完全相同：在愚笨的机械式运作方面，它们面临的问题已经越来越严重。

把人们绑缚在一起的线性序列

通常情况下，当企业遵循从战略到结构的准则时，它们使用的是线性序列方式。从策略开始，然后调整结构，然后调整结构中的流程，接着调整各种系统（信息技术、绩效监控、人力资源管理等），以促进企业运作。然而，在这一序列的每一个步骤当中，无论是处理正确的问题，还是提供有用的答案，这些行为变得越来越困难。

例如，在专注于标准化的后台办公室与专注于客户化的前台办公室之间创建一个中间办公室后，序列中的下一步是将系统与创建的结构保持一致。因此，你会命令信息技术部门为中间办公室管理人员设计信息管理系统，命令人力资源部门为所有中间办公室工作人员提供招聘、培训、激励和职业发展路径。信息技术和人力资源管理等职能面临着创造价值的压力，他们的行为就像业务伙伴一样，因此他们尽其所能地提供服务。然而，他们却无权提出最重要的问题："为什么我们需要一个中间办公室？我们能否让前台和后台进行协作，让他们协调标准化和客户化的问题？"

在这种情况下，信息技术和人力资源经理的技能和专业知识只会让错误的解决方案变得更加复杂。例如，人力资源部门最能看出复杂机制在工作中给人们带来的折磨，能够去帮助开发解决方案——但是在这里他们却被迫帮助和煽动人们遵循陈旧过时的管理方法。人力资源经理四处奔波，试图改善工作投入不佳的中间办公室管理者的领导行为（但考虑到其作为对接角色的无能为力，他们又能如何投入到工作中呢）。不仅如此，其他职能和系统也处于同样的境地。战略一致性的线性序列阻止了企业充分利用信息技术的真正潜能。

糟糕的企业推行愚蠢的战略

是的，企业必须服务于战略。但同样正确的是，企业的设计和工作方式决定了战略选择的内容，而不仅仅是战略的执行。这就是为什么企业中战略之间的界限变得越来越模糊，尤其是在竞争优势越来越多来自于敏捷性、灵活性和适应性的前提下。事实上，正如我们在本书开头所描述的，所有这些能力都源自自主性与协作性的结合。

问题在于，这种由于战略一致性而产生的复杂企业总是会执行愚蠢的战略。这是因为，在一个复杂的企业中，管理者对其竞争格局的看法往往是支离破碎的。他们收集的关于客户、供应商、竞争对手和监管机构的信息仍然分散在职能、业务线和地理位置的概念中。企业管理者无法将这些不同的投入累积并联系起来，从而全面了解战略上需要面临的机会和威胁。例如，我们在第四章中提到的机器人制造企业，由于其研发部门缺乏协作性，他们无法将这些点连接起来，因此也就无法在市场竞争中发掘真正的创新机会。

在某些情况下，糟糕的战略会促使过于复杂的企业接受新的绩效指标要求，比如提供更广泛的产品组合或者更多的服务特性——而企业对于这些要求来说往往毫无准备。几乎可以肯定的是，这些企业生产新产品时，将会耗费额外的成本，出现高水平的缺陷，甚至无法按时交付新产品。接着，为了保持竞争力并挽留客户，该企业将被迫采取补救措施，如降低价格或增加产品功能等。

当这一切发生后，该企业将最终变得无法区分真正能创造价值的绩效指标要求（如更加广泛的产品选择）以及行动——由于业绩不佳而导致的议价能力下降，作为对客户、供应商或分销商的让步而采取的行动（如增加额外功能）。企业处理业务复杂性的效率越低，最终导致更多复杂性的可能性就越大，而结果更加严重。除了增加投入成本的数量之外，复杂性还降低了企业产出的质量。

这样的例子比比皆是。我们所了解的一家高科技制造商在四年的实践中雇用了3000名员工（占员工总数的20%）。其中2000人扮演了协调和对接的角色。结果是，这家企业拥有25家客户企业，生产出大约30种不同类别的产品。这种客户化的规模在市场竞争中并没有太大意义。当该企业取消了所有的协调和对接角色，并让市场、研发和销售人员充当企业的整合者，他们之间的合作使得企业能够发现客户需求之间的共性，并更加严格地将系统、平台和组件实施标准化。由此，该企业的市场份额和利润得到了增长。（参见附文《避开战略一致性的陷阱》）

简化法则工具箱

避开战略一致性的陷阱

当新的绩效指标要求出现时，不要遵循传统的线性序列：从战略到结构、流程、系统、指标、激励方式、职业规划，等等。这些做法只会平添更多复杂的元素，还会错过简单而巧妙的解决方案。相反，将新需求与人们当下使用的反馈循环中的行为联系起来，法则五的应用可以确保未来的隐患已经嵌入到人们当下的行为选择中。

展示行为可能带来的未来隐患的四种方式

如何避免遵循战略一致性的路径，同时仍然确保企业推出优质战略并成功执行？通过使用简化法则，特别是第五项法则，我们可以实现这个目标。向人们展示行为可能带来的未来隐患，有四种方式：通过增加交流互动的频率来收紧反馈循环；将终点向前推进；将未来和现在进行捆绑；让人们穿上自己为别人做的鞋来走路。

收紧反馈循环

一种方法是，通过让人们更加频繁地与那些工作受到其行为影响的人进行交流互动，来加强反馈循环。理想状况下，这些交流互动应该是直接的，这样人们就无法忽略关于他们要处理多重绩效指标要求的事实。

举个例子，我们可以增加人员审视总体结果的频率。在这家存在着创新性问题的机器人企业（如他们的管理层所述：“我们的工程师缺乏创造力”），除了消除内部垄断之外，管理层还决定，企业应该进行两周一次的进度审查——比之前每半年一次的审查更加频繁。这一变化对两支工程团队产生了直接而重大的影响。如果每半年进行一次审查，工程师们可能无法履行其承诺，无法进行相互协作，并且有可能在长达5个月零29天的时间内无视他们的同事；而现在，工程师们只有13天的时间来逃避其行为产生的后果。

当反馈循环更加紧凑时，缺乏协作性将会更快带来适得其反的结果。对个人而言，出色行为的净现值会增加，因为未来的后果——当人们无法坚守承诺时，面对困难时的痛苦会变得更加明显——受到忽视的时间将缩短。在机器人公司，硬件工程师和软件工程师之间的协作性迅速增长，因此，创新性也随之得到提升。

将终点向前推进

可以通过确保人们对工作的投入度持续到工作活动的终点——也就是他们行为的后果以集体结果出现的点——来扩大行为对未来的隐患。所以我们可以将终点提前，或者确保位于角色中的人们在到达终点并亲历其行为后果来达到这一目的。

将终点提前的方法之一是缩短项目的持续时间。假设一家企业开始了一个为期三年的项目。如果你参与其中，可以相当肯定的是，当项目完结，你也终将离开。你可能会被调至企业内部另一个岗位，或另一处办公地点，也可能被淘汰、退休或者跳槽至另一家企业。因此，你可以理所当然地确定，现在采取的行动，其后果并不会直接影响到你的未来，也不会因你在这段时间内的协作情况而受到影响。

相反，如果企业启动了一个项目，要在九个月内交付具有明确的重要节点、评审和可交付成果等一系列有意义的结果时，那么你对未来的感觉就会截然不同。现在，作为原始项目团队的一员，在项目交付时，你将不再确定是否个人利益会被排除在外。所以你别无选择，只好假设自己将面临这个结果，并且根据这个结果来采取一系列积极行为。

阿克塞尔罗德的主张是延长协作时间（交流互动以及人们承担相互协作或拒绝协作带来的结果的时间），以此来加强协作性。我们则持有相反的观点。我们认为协作时间应该进行缩短。然而，如果你考虑问题的本质，这其中并不涉及矛盾。通过缩短项目的客观持续时间，个人的主观持续时间就会得到延长，你会认为，“这个项目中我从头到尾都在投入精力”。

将未来和当下进行捆绑

第三种展示未来隐患的方法是，将未来和当下进行捆绑。一家在发展中国家经营的矿业公司采取了这种方式，以应对这些发展中国家普遍存在的人才竞争问题。

为了获得竞争优势，这家矿业公司必须满足7项绩效指标要求。这些要求涉及收入、发现和储量、安全、成本、完善的经营、可持续性和营运资本优化。针对每个主要职能和工作级别，管理者将这些需求进行进一步的细分，定制了KPI考核方式。例如，直接负责看管这些矿场的管理人员有一个计分卡，计分卡中有15项指标要求和相关鼓励措施。所有这些指标都与7项业绩指标要求相关。再看那些配送挖掘材料的人员，为了保证运营绩效，他们的指标涉及生产率和服务水平。每一项指标都经过了权衡，以使员工行为能够与绩效指标要求的相对重要性密切相关。

对这家企业来说，培养下一代的项目管理者变得非常重要，因为当地的就业市场没有充足的经验丰富的合格候选人来填补项目管理者这一职位。因此，该公司决定，不再从外部招聘，转而在内部培养人才。

你可以猜到接下来发生了什么。按照战略一致性方案，人力资源部在项目管理者的计分卡上增加了一个新的KPI：人才开发。这个KPI被分解为4个子指标：

· 项目管理者给他们的直接报告的分数差距——这个分数被强制编排出名次。

· 他们从下属那里得到的积极反馈。

· 他们正在推进的培训活动的数量。

· 在职学习的结果——他们的报告中所获得的新技能。

满篇都是规则、指标和流程。最后结果是，这些KPI并没有产生任何积极影响，项目管理者在培养人才方面的表现仍然较差。主要原因是，这些解决方案忽略了复杂性的核心问题，他们没有帮助人们调和生产力和学习之间的矛盾需求。

为了达到生产力需求的结果，项目管理者懂得将人员分配到各自熟悉的任务中是最好的选择，这样工作就能得到有效执行，尽管这些人不会获取新的知识，也没能进一步发展他们的技能。然而，为了在学习需求上取得成功，项目管理者必须开展在职培训，这就要求他们必须将人员分配到他们需要学习的不熟悉任务中——这样的行为对生产力产生了负面影响。难怪项目管理者几乎总是选择短期生产力优先，因为这样更加有效，也易于权衡——但却牺牲了团队的长期发展。

由于无法通过增加新指标来赢得人才竞争，这家矿业公司采取了不同的策略。它找到了一种方法，让项目管理者直接体验到没有培养下一代管理者的后果：该公司宣布，只有在一名项目管理者能够提出至少两名合格候选人来接替其职位的前提下，这名管理者才能够得到提拔。

这个新的晋升标准中嵌入了一项反馈循环，让项目管理者了解到自己在协调生产力和人才发展方面所获得的权衡结果。这些管理者的未来取决于各自的继任者，而二者的未来取决于短期内相互矛盾的绩效指标要求。

这个反馈循环促使项目管理者以不同的方式进行思考和行动，因为未来的隐患已经投射到他们身上。他们意识到自己必须改变行为来实现生产力目标以及员工发展的目的。他们开始让经验较少的下属来管理一些项目，即使其他下属能够带来更高的生产力。这样一来，前者就有更多机会进行学习，提高自己的专业技能。

不过，这个方法实施起来并没有想象的那么容易。每个项目都有其特定的约束因素（如风险、紧急情况和挑战），每个下属都有自己的特点（需要改进的领域、经验和优势）。项目管理者必须综合考虑所有这些因素，并针对每种情况做出最佳决策。在一些项目中，下属可以承担新的任务，而不用担心影响生产效率。然而，在另一些项目中，生产率是最重要的考虑因素，在职学习的方式不得不退居次要地位。没有人比项目管理者更适合评估每种情况的特殊性。新的反馈循环促使他们利用所有这些信息和他们的判断，在协调人才发展需求和保证短期生产力方面找到更好的解决方案。在过去，无论预先设定的流程多么详尽，无论采用何种复杂的平衡计分卡和鼓励措施以使行为更加贴近绩效指标要求，企业都无法做到这一点。

让人们穿上自己为别人做的鞋来走路

展示未来隐患的第四种方法是让人们承担起他人的角色，哪怕只是暂时承担。当相关决策之间存在很长时间的滞后时，或者当人们的决策结果直到未来才会显现出来，以至于他们可能永远也不会遇到那些因此受到影响的同事时，这种方法显得尤其有效。让人们穿上自己为别人做的鞋子来走路，也就是说，对于那些与他们没有直接协作的人，或者在工作中可能无法遇到的同事，人们当下的行为将可能给其未来带来一定影响。

MotorFleet：让工程师了解维修问题

让我们以MotorFleet为例——它是一家汽车制造商，这里的员工正在努力满足多项绩效指标要求，其中包括成本、安全性、产品紧凑性、能耗和防腐性能。

为了满足这些需求，企业严格实施了战略一致性方案。为了实现规模经济，不同职能部门对产品平台实施了标准化。项目部门对产品实施客户化，以满足不同的客户群体。工程部门是根据市场营销和专业化技术所确定的具体要求来运作的——每项需求都配备了大量角色、流程、KPI和鼓励措施。

后来，MotorFleet的主要竞争对手增加了汽车制造商不得不去面对的新的业务复杂性问题。这家竞争对手宣布，它将把产品的保修期延长至五年，而在这个时间跨度内，MotorFleet类似的产品将面临重大维修，因为他们的标准保修期只有两年。因此，只有将本企业的产品保修期延长到五年甚至更久，MotorFleet才能赢得市场优势。

产品的可维修性并无法解决这个问题……

对任何一家制造商来说，保修期的成本在很大程度上取决于产品的维修速度。例如，假设在维修过程中必须拆除引擎才能使车前灯得到维修，那么这个过程至少需要三天时间。这个情况会对保修预算造成灾难性的影响。所以MotorFleet在保修期延长方面的能力取决于其车辆的可维修性——当然，这要由其设计团队来决定。

MotorFleet很清楚他们的车辆不易维修，但是并没有人真正了解这种现象是谁造成的。于是，管理层决定必须做出改变："对我们的竞争力来说，应变能力是最重要的，我们必须肩负起责任！"你可以看到，他们轻而易举便落入了战略一致性的陷阱："既然有一个新的需求出现，那就让我们来创建一个负责该需求的新职能吧。"

于是，一个负责可维修性的职能就此成立，负责协调所有工程部门，特别是调整机械和电气小组中影响可维修性的所有决策。管理层还定义了一个可维修性工作流程，并增设了相应的绩效指标要求和鼓励措施。这个工作单元的顶端是一个独特的责任角色，我们称之为"可维修性先生"。

可维修性的挑战对于那些在小型车辆上工作的机电工程师来

说尤其困难。为了创造出一种具有竞争力的紧凑型产品，设计工程师设计出一种外壳，它的空间比机械工程师计划安装发动机的空间要小。而机械工程师的解决方案是，稍微侵占一些预留给电气工程师布线和安装其他部件的空间。然后，电气工程师必须找到一种方法，把所有的元素都塞进外壳——他们把一些电线放置在某些难以进入的区域。这就意味着他们的售后服务同事必须进行成本昂贵又耗时长的维修工作。虽然使用更加昂贵的组件，可以避免其中一些妥协行为，降低维修的可能性和必要性，但是这样做会增加产品成本，丧失竞争力。

对MotorFleet来说，紧凑性、低成本和可维修性之间的矛盾并非新问题。他们要面对的是，竞争压力消除了以牺牲其他需求为代价来满足某个需求的可能性。

MotorFleet已经为其他需求创造了类似“可维修性先生”这样的职能。例如“成本先生”“安全性先生”“能耗先生”等等。每一个职能都有关于其工作流程、KPI和激励措施的规定，以使工程师与特定需求保持一致。战略一致性的典型思想是，KPI的数量意味着需求的数量，这些KPI的制定经过了充分的权衡，再加上适当的鼓励措施，那么工程师的行为必然会反映在计分卡中KPI的加权平均值中。

新的可维修性职能对工程师们有何影响？受所有其他KPI和鼓励措施的影响，尽管可变报酬的比例相对较大（在某些情况下超过15%），但是在可维修性对应的KPI上取得的良好成绩只能对每个工程师的总报酬产生十分微小的影响，仅为0.8%——也可以说是毫无影响。我们都知道激励在实际上能够对行为产生反效果，但是在这种情况下，这种影响既不是反效果也并非有效——它对于车辆的可维修性并没有影响，完全可以忽略不计。

为了应对大量业务流程、程序和规则（MotorFleet的员工手册最终增加到包含了大约一万个操作程序），工程师们开始求助于他们的朋友和同事这个非正式关系网，来寻求解决方案。他们依赖于良好的人际关系来解决问题。但是非正式关系网络的局限性在于，人们都尽力避免做出任何艰难决定，给彼此带来调整成本，从而维持良好感觉。在非正式的关系网中，资源是与他人的良好关系。为了保留这一资源，人们倾向于回避艰难的权衡。如果他们对这些权衡进行处理，那么人际关系将会因此紧张，从而使其关键资源受到损害。此外，为了让机电工程师们有效地进行协作，管理者还会有组织地进行各种联系活动。他们之间确实多了一些亲近感，这种情况下他们就更不愿意使关系变得紧张，协作也变得没有效率。

当必须对矛盾的需求做出艰难选择时，决策将不可避免地被推向高层，而对问题缺乏直接了解的高级工程管理人员将会被迫接受糟糕的妥协。于是，售后团队继续与昂贵的维修操作做斗争，MotorFleet发现在控制预算的情况下，延长保修期是无法实现的。企业无法通过协调可维修性与其他需求的关系来增加价值，却在尝试方案中花费了大量财力，并增加了大量复杂性。

……这时，协作可以使问题得到解决

最终，MotorFleet改变了策略。“我们需要的是实现可维修性，所以我们需要一个实现可维修性职能的结构，其中包括相应的流程和系统。”——管理者们意识到了问题的关键，他们不应该根据战略一致性的原则来构建问题框架，而应考虑到协作的重要性：

- 当工程师设计车辆时，他们必须考虑到维修人员的约束因素。
- 鉴于工程师们的共同决定对售后维修部门的机械工作产生的影响，他们之间必须相互协作，尤其是机械部门与电气部门之间。

这种对问题的重新认识，从根本上改变了问题的关系。管理团队决定寻求一种方法，让工程师之间缺乏协作性成为其自身的约束因素，而非通过使用最佳的战略一致性的实践，使流程和计分卡机制变得更加复杂。

多年来，工程师之间缺乏协作的调整成本已经外部化，尤其是推到了售后的网络中，其中包括维修人员和客户。那么我们应当如何改变环境，来重新引入这个成本，使其作为工程师的约束因素？他们又怎样暴露于自身行为对他人和整体结果带来的后果之中呢？

答案是，让工程师们亲身体验，穿上他们为别人——尤其是售后维修工——制作的鞋子来走路。解决方案简洁而巧妙：在工程师设计的车型发布后，一些工程师将被分配到企业的售后汽车修理网络工作。他们的职责是管理特定型号车辆的保修预算。如果由于他们做出难以维修的设计选择而导致保修预算超标，那么他们将承担全部超标成本。这种被迫在售后服务网络中工作的前景好似一颗隐藏的定时炸弹，它对工程师交付产品的质量的影响，大大超过了任何对接、协调职能或指标要求给其带来的影响。

当这些工程师完全了解他们将不得不亲自面对其选择所导致的后果时，他们便开始以一种截然不同的方式开展工作。他们摒弃了团队协作中的感情用事，不再回避真正的协作行为，开始正面处理关于各种需求的棘手解决方案。通过与市场营销部门的协作，工程师们能够做出选择，最终使MotorFleet在不影响其他绩效指标要求的情况下，完成了使其保修期限与竞争对手持平的任务。

当然，这个解决方案涉及企业结构的调整，但是这其中只涉及一个元素，那就是职业道路。然而，如果管理团队继续努力实现战略一致性，他们将无法找到这种简洁的解决方案。这是因为职业道路在线性序列中出现的太迟。高管层在已经将所有其他结构、流程和系统一致化之前，并不会考虑到人们的职业道路这个方面。

调整职业道路的责任将落在人力资源管理者的肩上，他们只会将“可维修性先生”的薪酬、福利和职业道路等因素调整得具有一定吸引力——这样会进一步增加企业复杂性。

工程师们新的职业道路减少了，他们在企业中持续性地获得经验（比如，重复一项任务所带来的紧张学习，或者专注工作所带来的创造力）带来的部分好处，但是，相关分析表明，与工程师和售后之间加强协作性所带来的好处相比，这种潜在的生产力提高是微不足道的。

随着第五项简化法则的实施，管理层发现它的实施为其他简化法则的应用提供了机会，例如巩固整合者的角色。企业有能力去移除跨职能协调部门（包括负责“可维修性”的部门）、对接角色、流程、计分卡和鼓励措施等元素。在对接角色中，80%的人回到了能够与他人协作以满足多重绩效指标要求的位置上。在三年内，MotorFleet的整体生产力提高了20%；现如今，该公司已经将延长保修期作为其宣传活动的基础。

展示未来隐患的效果——工作投入度得以增加

展示行为可能带来的未来隐患，这种举措可以改变人们在目标和问题上的利害关系，受此影响，除了自身，他们往往也会考虑到他人的约束因素，从而约束自身的行为。这就是为什么在展示行为可能带来的未来隐患时，必须给予人们充分的自主性和发挥空间。让他们面对其行为的后果，却限制其话语权或者阻止其采取任何可能对未来结果产生影响的行为，这样的做法荒谬而有失公平。如果一个结果对你产生了影响，那么你也应该能够对这个结果产生影响。如果没有足够的发挥空间，对协作对方也没有足够影响力，那么这个反馈循环只会让他们陷入困境。当这种情况发生时，面对困境的唯一方法就是降低对工作的投入程度，或者，像InterLodge的酒店前台那样，直接辞职离开。

因此，人们对工作的投入程度是可以预期的，并非具有可追溯性。人们选择投入工作并非出于对过去事情发展的感激，而是对于它将给自己带来什么的一种反思。通过展示行为可能带来的未来隐患，人们的工作投入度对于企业来说变得更有价值，因为他们有能力在个人发展道路上做出更大的改变。这种可能性之所以更大，是因为人们的发展轨迹并非一成不变，他们可以帮助自己在当前的岗位上创造更好的角色，而不是选择跳槽或辞职。为了获得人们的工作投入度，企业必须给员工提供充足的发挥空间，建立职业发展道路，使人们能够通过各种方式成长，比如晋升到更高的职位，或者在创造更多价值的同时丰富和拓宽他们目前的角色定位。

当人们没有能力去影响那些关键因素时，他们就会变得非常消极。事实证明，这一情况在劳动力的老年群体中尤其突出。正在应对“婴儿潮一代”退休所引发的人口结构变化的企业，最担心的往往就是如何应对由此造成的劳动力短缺。他们忽略了一个更重要的问题，那就是，如果员工了解自己的下一个职业变动机会将是也只能是退休时，那么他们的工作效率就会因此下降。当职业轨迹提前确定，未来就不会存在隐患，对于工作人们也就不会有更多投入。随着时间的推移，这种情况会加速恶化。成熟的员工不会让企业失去活力，反而是企业使这些人逐渐老龄化。提高法定退休年龄，却并没有让人们发挥应有的作用，或感受到不同的角色体验，只会延长他们降低工作投入的时间。

应用于新目的的工具

我们在本章中描述了企业通过战略一致性的硬性管理方法来满足多重需求的尝试：对应需求来分配工作（比如“可维修性”先生）或者创建与需求相应的KPI和绩效标准（如矿业公司的人才开发）。我们已经看到，一个企业面对多重绩效指标要求，只能通过促进协作性来解决问题，而非通过创建专门的职能、流程或系统来寻求战略一致性的解决方案。

我们还学习了如何通过创建展示未来隐患的反馈循环来促进协作性，以及如何使用职业道路设计等经典管理工具。在应用这些简化法则时，企业没必要也不可能放弃所有的组织手段，诸如：目标设置、流程、角色定义、职业道路设计等。我们无法利用其他元素来进行企业组织设计。

事实上，除了这些基本的手段或元素之外，没有任何一种手段或元素能够立即形成文化转型、适应性公司、学习型组织或其他任何看起来十分吸引人的模型。诸如可维修性、以客户为中心、灵活性、速度等属性从交互模式中产生，交互模式由工作环境造就而成，工作环境又是由组织手段的组合创建而来的。

简化法则以一种截然不同的方式对熟悉的结构、流程和系统元素进行应用。重要的并非这些元素本身，而是人们将它们融入策略的方式。这些元素的选择不是根据其假定的内在利弊，也并非根据其在抽象意义上的一致性，而是根据当各种要素集合在一起时，转化为理性策略的人们的行为。这样，我们就可以以一种比一般结构模式更具体的方式，以外科手术般的精准程度，来设计工作环境。这种准确性不在于人们的行为，而在于理解其行为背后的原因，以及产生适应性、以客户为中心和总体业绩的行为结合方式。这就是为什么应用简化法则的一大好处是人们能够简洁而有效地利用那些管理元素。这些简单的法则可以帮助你选择组织管理手段，根据它们对目标、资源以及决定行为与业绩产生的约束因素之间的组合带来的影响，从特定和整体层面上看待这些手段。这种巧妙而简单的方式可以帮助你避免陷入隐藏在最佳实践和战略一致性中的复杂陷阱，这些陷阱会使企业结构变得越来越松散。

简化法则五小结

使人们把未来发生的事情作为当下行为的结果，我们应该提高这项举措的重要性。通过进行一些非常简单的调整，你便能够满足复杂的需求，同时消除企业的复杂性。对于战略一致性这样典型的硬性管理方法，这些简单的解决方案——例如，职业道路设计——通常是排在线性序列中最棘手的调整因素（新的结构、流程、系统、绩效指标等）之后。这样一来，将无法实施简单有效的解决方案。你可以通过以下四种方式来向人们展示行为可能带来的未来隐患：

- 通过更加频繁地让人们体验到其自身贡献对结果的影响来加强反馈循环。
- 通过缩短项目的持续时间，将终点推进一些。
- 将人们的未来捆绑在一起，这样成功的行为就会受到助力他人成功行为的约束。
- 让人们穿着为他人做的鞋子来走路——亲身经历自己行为的后果。

6
法则六
建立间接反馈循环

在六项简化法则中，有三项法则可以帮助人们最大程度利用自己的判断力和精力来处理复杂性问题。第六项法则便是其中之一。虽然这三项法则都依赖于反馈循环的建立，但是法则四和法则五的循环是直接的，而法则六的循环是间接性的。

一般情况下，任务和活动在本质上只能通过他人的判断和评价来间接获得反馈结果。通常，管理者会就此创建间接反馈循环——正如法则六所述。当原因和结果之间存在很长一段时间的间隔，或者当工作中人们彼此之间的绝缘性很高，从而导致从事这些工作的人无法彼此影响，这种间接反馈循环往往有存在的必要。

在这种情况下，高级管理人员可以遵循第六项简化法则的方法，关闭反馈循环：奖励协作行为。为了达到该目的，管理者需要使用熟悉的绩效评估工具，不过，使用的方式可能会较往常有所区别。

在本章中，你将了解到：

- **如何在绩效评估中超越单纯依靠技术标准的方式**。在实践中，大多数绩效评估都是关于找出问题的技术原因，并找出相应问题的责任人。利用绩效评估这种手段，更有效的方式是促进协作性。
- **如何让那些拒绝协作的人承担成本**。人们不应该因为失败而受到指责，尤其是当他们试图满足绩效指标要求时。相反，那些在他人需要帮助时没有去帮助别人的人才应该受到指责。
- **如何改变管理对话，使透明度成为一种资源而非约束**。许多企业都在设定目标，这种做法影响了企业的透明度，使团队充分发挥潜力受到阻碍。围绕绩效评估展开的管理对话应当利用人们的知识达到最佳效果，并鼓励创新性。

在本章中，我们将通过一个详细的案例研究来说明这些观点。该案例研究的对象是一家名为RapidTrain的客运铁路公司，我们将看到其管理人员是如何通过改变绩效评估流程来保证列车准点运行的。

RapidTrain：提高准点率

准点率的表现曾经是RapidTrain的一大优势。但是在过去的十年中，由于交通压力的快速增长，它的准点率下降到了80%以下。凭借着历史悠久的卓越技术，该企业尝试了许多不同的解决方案：升级其交通控制系统，创建一个新的职能来监控延误情况，并使一些操作流程合理化，如清洁和设备检查等。但是，即便略微提升了准点率，每项计划也会对其他绩效指标要求产生负面的影响，包括成本、质量和安全性等。考虑到严格的企业标准，这样的负面影响是无法接受的。因此，在实现提高准点率的目标之前，RapidTrain便停止了每一项准点率改进计划。

随后，来自其他铁路和运输方式的竞争逐渐加剧。RapidTrain别无选择，只能在严格保证安全、质量和成本控制的同时，尽最大可能提高准点率——这该如何实现呢？于是我们建议高管团队将重点放在改善协作性方面，而非依赖于个人责任和新资源的增加。然而，仍有许多人认为改进协作性的做法完全没有必要。例如，维修主管说道："缺乏协作性只是一个借口。如果我们都专注于各自独立性的工作，那么无论协作与否，列车都会准时运行。我的工作是确保列车在正确的时间以正确的方式离开维修站。"——这是硬性管理的方式。一位新上任的管理人员回答说："你的封闭式心态是我们在这里看到的典型官僚心态，因为国有企业历来都是公务员的天下。”——这是一种软性管理方式。在这种方式的影响下，心态驱动行为，唯一能够确定的解决方案就是“改变心态”。

在RapidTrain，必须进行相互协作的关键业务单元包括维修人员、火车司机、列车员和车站工作人员。举个例子，比如维修部门的成员可以立即向其他职能部门通报其将要进行的维修工作的性质和所需时间。然后，站台管理人员可以向乘客宣布延误情况，并将他们安置在站台上，以便在列车修好的第一时间就能立刻上车；有序而高效的上车程序将弥补因维修造成的列车延误。反过来说，每当一辆列车到达车站需要维修时，站长可以通过把列车引导至离维修棚最近的站台来节约时间。一旦开始上车，列车员可以帮助站台团队管理乘客的流动。也就是说，协作将提供更加广泛的选择，以便根据意外情况和具体性质，RapidTrain能够找到更好的解决方案来满足其相互冲突的绩效指标要求。

但是，RapidTrain的业务单元没有以解决准点率问题所必需的方式进行协作。让那些高级管理人员和员工更加沮丧的是，在危机期间（比如极端天气造成的危机情况），企业中会出现更加出色的协作性。在危急情况下，团队很快就能够找到巧妙的解决方案，这往往被常规行业标准视为奇迹发生。建立直接的反馈循环并非意味着在日常基础上实现同样程度的协作。RapidTrain的工作人员之间并没有受到相互影响，因为在一个大的关系网络中，列车交通的本质就是如此，各职能部门的成员整天在多个不同地点工作，并在各种情况下与其他职能部门进行不同的互动。所以法则五的方法并不适用于此，因为维修工人不能为了体验自己行为的后果而摇身一变成为刚刚修理过列车的列车员。因为列车员必须在列车维修结束前到达站台，而且还要保持双手干净，服饰整洁。

关闭反馈循环应该由管理团队来执行。我们可以使用怎样的绩效评估标准类别创建一个工作环境——在其中，协作可称为团队成员的最佳选择？为了回答这个问题，我们与RapidTrain的高层进行了合作，首先对现有的工作环境进行了解。我们发现，部门管理人员的真正目标与其说是确保列车按时为乘客服务，不如说是为了避免因造成延误而被记过，并因此受到指责。

这一目标的产生，是由于RapidTrain为了提高准点率而采取的一项早期措施带来的直接结果，即设立了一项新的监测职能。每当一列火车出现晚点情况，检测部门就会进行突击检查，来调查造成延误的责任部门。监测部门先是一个接一个地发布调查结果，接着，各部门针对这些结果进行反驳或试图解释脱责——因此，监测部门为了进行这些调查，前后要花费数千个小时。在调查结果能够揭示出造成晚点情况的技术因素归责部门之前，所有调查都将持续下去。是因为有人没有及时补充油料储备吗？还是站台广播错误？当确定技术因素根源时，造成这种情况的部门经理将被记过处理，这对年度考核和晋升都有着决定性影响。这种方法是铁路部门以及许多其他行业的普遍做法。每当出现延迟情况时，无论是在建设过程中出现延迟，还是在软件交付过程中出现错误，企业都要确定造成延迟的技术根源，然后将其归咎于犯错者。

部门经理的主要资源是其直接控制的团队和设备。其他部门也是资源吗？记住，没有任何东西本身就是一种资源，这取决于由工作环境塑造的角色的目标。所以，其他部门是次要的资源——不是因为这些部门能够提供帮助，而是因为当问题出现时，他们是被指责的潜在候选人。除了在危机状况期间，这些职能之间几乎没有任何相互帮助行为。要想得到帮助，那么就要去寻求帮助。但是，一旦某个部门需要帮助，他们会发出信号，即表明这就是延期的根本原因。因此，当一个部门发生问题时，其经理和团队就会试图加速，弥补因自身原因导致的延误。这种方法有时是有效的，但不足以经常性地按时完成任务，减少延期。某一职能的延期将转化为另一职能的延期，最终导致火车晚点，并影响整个关系网络。

当然，没有人故意决定成为问题的技术根源。一般来说，你并非有意去拖延他人的时间。但是，当他人因拒绝协作以弥补你造成的延期情况而被耽搁时，他们已经在深思熟虑后做出了拒绝协作的选择。如果有人应该受到责备，应该去责备他人，还是责备你自己呢?

我们从来没有遇到过人们无法协作的情况。在不断观察中,我们发现,人们在分配自己的努力时,往往保留回旋余地,来确保他们的可衡量贡献或不可估量贡献对整体结果的保护。典型的障碍并不是人们不愿意花费更多精力——他们通常竭尽全力来保护自己——而是将努力转化为不可估量的协作所涉及的风险。

在RapidTrain,我们的分析显示,人们尽了最大努力试图加速并准时完成自己的工作,但往往徒劳无功。可以肯定的是,当行为透明化时,人们需要投入的精力要少得多。如果所有这些努力和智慧并没有白白浪费,而是能够使列车准时运行,那么我们要将结果归功于协作性吗?

在此基础上,RapidTrain的高管对考核标准进行了重大调整。他们决定,一旦一个部门告知其他部门他们遇到了问题,那些未能协作去解决问题的部门将对列车晚点进行负责。这项变化简直翻天覆地,我们可以这样想,就好比说:“只要其他任何一个部门导致了延误,你都要承担责任。”于是,关键问题不再是:“从技术因素上讲,造成延误的责任在于你吗?”而是:“在这场延误事故中,你有没有尽全力去和其他部门进行协作来解决问题?”所以绩效评估标准将不再依靠技术因素,而是依赖于企业组织的标准。

每个星期,这些部门的管理人员都要和他们的上级开会讨论列车延误的情况，并回答新的问题。在一些关键的合作场合，车站站长也有权力判断各部门是否对解决问题做出过贡献。当然，高管人员也明确表示，如果同一部门因为没有进行持续改进而导致同样的问题重复出现，那么这个部门将承担相应的责任。但是技术因素和指责对象之间将不再有直接联系。这种结果符合那些需要帮助者的利益，他们的需求变得透明化，同样，也符合提供帮助的其他人的利益。协作性的加强反过来又使RapidTrain能够进一步改进每个结构的工作程序。

在新方法实施仅四个月后，RapidTrain在实施该改变的主要线路上的准点率跃升至95%。这样出色的成绩是在没有新设备、新调度系统或额外列车及团队的情况下而实现的。随之而来的好处是，人们无须再花费数千小时去调查延误事故的根本原因，因为公开自己的问题符合每个人的利益，延误情况由此得到大大改善。

另一个结果也非常重要。作为变更计划评估的一部分，企业中某支团队发起了一项员工调查，并采访了部门成员，以了解他们对新方法的感受。得到的反馈是，他们感到比以前更加快乐。我们总结出三个因素，似乎可以解释员工工作满意度大大提高的现象。首先，与客户接触的团队现在能够在问题出现时提供更有帮助的解决方案，同时采取缓解措施，他们与客户的关系得到改善。其次，等级关系得到改善。管理人员现在可以帮助本部门从其他部门获得其需要的协作行为。最后，打破纪录也让人感到自豪。事实上，当努力转向协作时，这种情况将会因此发生。（参见附文《利用绩效评估手段来增强协作性》）有趣的是，当我们再次见到维修部门主管时，他告诉我们，他真正的职责是促进团队的协作性，这样一来，不仅维修部能及时完成任务，乘客们也得以按时到达。他的思维方式已经发生变化，脱离了精神分析或官僚主义的性质。实际上，这是由于工作环境的变化，导致行为进行调整，于是思维方式也随之发生改变。

简化法则工具箱

利用绩效评估手段来增强协作性

利用绩效评估手段来加强协作性，不要因为结果而去惩罚或指责人们，相反，我们鼓励大家深入了解结果，了解其发展过程，了解那些帮助人们摆脱困境的援助者。

管理人员的存在和反馈循环捕获了每个人对于他人行为的效率做出的贡献，这使得人们将责任转嫁给承担大部分调整成本的弱势角色变得更加艰难。帮助他人取得成果，对员工来说变得极具吸引力，这反过来提高了绩效指标的透明度。

以下三个术语不可混淆：业务指导（需要许多指标和KPI来识别和预测业务的发展轨迹）、绩效管理（通过使用一些指标和定性判断来评估人们的绩效）和奖励（回报贡献的方式）。平衡计分卡通常是这三个因素之中一种复杂的混淆形式。在这种情况下，薪酬最终是人们相对于多重绩效指标的加权平均值所取得分数的直接函数。系统已经计算好你的分数，作为你的上级，我很高兴地告诉你，今年你取得了4.81分的好成绩——这是你应得的，会计已经为你准备好支票。当然，别忘了庆祝！如果你的经理表示相当吃惊，那么他的存在有何意义呢？经理们很少会表示惊讶，他们简化了讨论，却没能简化平衡计分卡，更不用说整体结果的实现了。

……………………………………………………………………

通常情况下，企业选择绩效评估标准是为了将运营过程中进展顺利或糟糕的事情与特定的责任领域联系起来。联系越直接、准确、清晰，企业就越认为自己拥有正确的评估体系。但是，关于评估体系的正确目标，在这个环节上并非是技术上的正确。相反，它的存在引出了充分的投入度与协作性。因此，在使用评估系统时，要先确认：“我们是在努力实现职位描述的技术性细节，还是在努力促成人们的工作投入度和协作性？”这个问题往往让管理者改变判断标准，不再过多关注技术细节，而是强调在工作中起到关键作用的部分。

让拒绝协作者承担成本

应用这一项简化法则，还有一种方法是通过乐高集团前首席执行官乔丹·维格·纳斯托普创建的原理：“应当受到责备的是那些未能主动帮助他人或未去寻求帮助的人——而不是那些失败之人。”在这条理论的影响下，人们对于自身的弱点、商业预测中的不确定性以及改进的机会都变得更加清晰透彻。

当人们知道帮助他人和保持透明化符合他们的个人利益时，一个企业组织的弹性要远高于人们因其在各自领域避免错误的能力受到评判和奖励的企业。以这种方式进行工作，人们总是会得到其他人的帮助，他们有责任找到问题的解决方案。火枪手们的座右铭也正是此意：“人人为我，我为人人。”

这种方式使人们通过一个有益的角度看待容忍失败这一至关重要的问题。不容忍失败是件很糟糕的事情，它会导致风险恐惧症：“不要采取行动。不要尝试新创意。隐藏你的错误！”下令对错误表示零容忍的做法并不会阻止错误的发生，只会促使人们去掩盖已经发生的错误。

尽管如此，对失败的容忍也并不总是有利的。这种容忍会降低要求的门槛。容忍失败的正确意图并不是提供更多宽容或降低要求。人们被赋予犯错的权利也并不意味着应该允许橡皮擦比铅笔的磨损速度更快。

对失败的容忍程度表现在管理手段上，正确的方式是：使用人们能够对企业产生最大影响的要求标准，让人们拥有一定的自主发挥空间与他人配合以对业绩产生重大影响。通过使用如下标准，奖励那些对企业有利，对个人存在一定风险的决策，压力可以集中在促进协作性方面，从而产生比在封闭环境中工作的压力更大的影响。在这种对失败容忍的基础上，形成的系统将对失败有更高的容忍度——更加稳健。其结果具有可靠性，并不需要多重机制的控制。人们对待风险的态度通常用文化或心态来描述：*人类认为风险是不利的。我们的文化对于风险不够宽容*。这是错误的。事实上，所有这些问题通常与人们的特定心理或心态无关，它们往往是关于协作的组织和实践行为。风险本身不是一个目标，重要的是它对企业业绩和个人的影响。只有在协作的情况下，风险承担才是一件有利的事。只有协作才能使风险承担成为个人的合理性策略。当人们知道他们可以依靠与他人的协作来弥补、传递、吸收或提供一个安全网络以防出现差错时，他们就会承担个人风险。然后，这种风险也会给企业带来收益。

你的企业如何管理失败的权利？失败完全不能被容忍吗？它是否有可能被宽大处理？或者，你有没有可能弹性面对失败的问题？

改变管理对话：让透明度成为一种资源，而非约束

评估的一个重要组成部分就是管理者与团队之间的对话。所谓评估，我们指的是关于人们是否已经尽了最大努力，他们得到了怎样的帮助，他们的对话和判断受到了怎样的阻碍。（我们指的不是标准年度评估表中必须填写的部分。）管理者组织对话的方式至关重要。

“当人们抱怨关于你的事情时，他们都说些什么呢？”

我们认识的一位首席执行官在针对其共享服务经理的评估中，一开始就发问：“我听到过一些来自地区运营部门的抱怨，抱怨你们的反应能力。究竟发生了什么？”首席执行官肩负着发现错误的使命。因此，对这位经理来说，这场对话就变成了一场辩护游戏，需要用从其他方面收到的正面评价来反驳每一个抱怨。

这种方法没有充分利用人们的智慧，也没能充分利用现有信息。这位首席执行官几乎没有其他选择，只能将注意力集中在有关经理业绩和假想问题的二手信息上。反之，经理也别无选择，只能利用自身智慧来证明自己的表现，攻击那些对他有所不满的人，为自己的成功加油打气。这不是一次谈话，而是一连串的推搡和回避。

首席执行官意识到这种方法并不能提高业绩，于是决定改变其对绩效评估的处理方式。他以不同的方式开始谈话，问道："你让内部客户经历了怎样的挫折？他们抱怨过什么？我能帮你解决这些问题吗？不过，只有一件事是不可原谅的：我从别人那里听到了这些关于你的问题，但是却还没有听你自己提起过。这意味着我比你更了解你的内部客户。"

评估人们对其不适合领域知识的掌握，而非鼓励他们进行个人防御，这样一来，对话的逻辑就颠倒了。提供信息和根据信息采取行动的责任落在了最有能力这样做的人身上。

这种对话不能依赖于通过内部客户满意度调查等方式所收集的信息。这些信息可能会提供一个按等级排序的投诉列表，但它们不会告诉你真正的关键问题。例如，共享服务管理者如何看待这些投诉？他是怎么理解这些投诉的？只有他能够理解这些发现对其工作过程和行为的影响，也只有他自己能够确定自身需要如何改进。

"你个人在这一切中承担了怎样的风险？"

许多企业的绩效周期开始的方式解释了为什么评估的进行常常完全不考虑协作和对环境的理解，从而形成较差的业绩的原因。绩效周期开始于年初设定目标。

通常，执行团队每年向业务经理询问一次关于他们的业绩预测。当有节约成本或增加收入的特定需求时，这个过程具有重复性。在这种情况下，通常已经存在总体目标和业绩改善目标。

谈判开始了。执行委员会设定了较高的目标，因为他们知道人们给出的业绩预测会低于其所了解的实际业绩。他们这样做的目的是为了在下一轮谈判中保留一些让步。他们知道将会有第二轮谈判的存在，因为他们所有同事在第一轮中也会给出较低的绩效预期。所以总数永远不会达到执行委员会的要求。公司层面的目标与所有自下而上的承诺结果之间的差距是完全可以预见的。

在第二轮谈判后，人们对业绩的期望有所提高，但仍达不到可实现的目标。他们都知道，致力于业绩改善并实现这些改进，将使明年的情况更加艰难。当这个过程再次开始时，他们将不得不从一个更加困难的地方开始起步，承诺提供更多的业绩改善，比如更大力度的成本节约和更高的业绩增长。所以，人们尽其所能蓄势待发。他们不愿意透露或追求他们认为自己能够达到的最大可能的改进，另一个原因是，来自他人行为的风险。无论你负责的是销售、亚太地区的网站管理、物流，还是客户账户管理，任何工作都有可能与他人存在某种相互依赖关系。没有人能够完全控制结果。如果你不能指望别人会全力协作，那么即使设定一个合理的目标也会导致自己沦为命运的人质——最好谨慎行事。

不过，更大的风险也许是为自己设定一个目标，要求自己做出一些新的事情。想象一下，如果你的改进计划并不是执行已通过实践检验的解决方案（例如，选择未知的新供应商，而不是关系成熟的供应商）或者挑战一些业务流程，而是涉及尝试一些新的方法——最后竟以失败告终。这样的结果将会使你遭受双重打击：既没有达到既定的目标，也没有良好的服从性这一借口。

最后，你会说，谨慎行事总不会产生什么坏结果。然而事实却恰恰相反。绩效目标成为管理上的KPI，KPI则决定了鼓励措施。最终，人们会超额完成任务并获得最大的奖励（奖励业绩突出者是一种常见做法），而业绩改善的潜力还远远没有被充分挖掘出来。在这些企业中，没有人对公开可实现的改善措施感兴趣，更不用说那些或多或少有些牵强的改善措施了。

这是一种合理性策略，它不以充分的潜在改善为目标，并且人人都知道他人有着相同的策略，这就更有理由对预测保持克制态度。集体动力会伴随着巨大奖励带来回报递减。个人在承担风险时遭受双重打击的可能性也会使企业遭受双重打击。

现在，在年终考评时，当你承诺KPI达到1%的改善时，但实际上却获得了2%的改善，这会发生什么呢？你可以这样解释："我们比想象中要更加努力，更加睿智！"但是，你的经理才不是傻瓜，他想了解你预测出现差错的原因。为什么当初不把目标定在2%呢？

接着，企业会在这方面做得更好：为预测的准确性增加KPI指标和鼓励措施。（不幸的是，这不是一个荒谬的思想实验，一些企业实际上已经开始这样执行了。）其中涉及一些计算，因为，与预测准确性相关的激励必须转化为比超额100%完成业绩所能获得的奖金要多出更多。根据这些新发展，现在每个经理都必须计算出新的最佳个人策略，此外还需要考虑新的KPI指标和鼓励措施。游戏并没有改变，但是企业组织结构却变得更加复杂。

经理遵循第六项法则，在一对一的讨论中，他们向其团队成员提出下面三个问题时，这种情况得到了彻底改变。

1. 明年你将会做出哪些行动来提高业绩？在成本节约、产品发布或收入方面会有怎样的结果？

2. 设定这个目标，你个人将承担怎样的风险？比如，你是否需要依赖新的供应商？尝试不同的业务流程？或者需要其他部门配合？

3. 我怎样做才能帮助你从别人那里得到你所需要的协作行为，从而减轻这种风险呢？

现在，人们被迫去开拓新的业务领域，因为如果他们对第二个问题的回答是，他们不承担任何个人风险，那么结论就是：他们没有尝试任何富有野心的事情。通过询问第三个问题，经理将起到整合者的作用。目前，对于团队成员来说，行为的透明度和尝试真正意义的创新更吸引他们的关注。他们对于第三个问题的回答赋予经理以整合者的角色，这样一来，他们将能够从协作中获益，进而给企业带来更多利益。

这种方式将扭转整个局面。承担个人风险从一种失败的策略转变为一种成功的策略。在那些没有采用这种方法的企业中，企业和客户无一不处于风险之中。然而，在新的游戏中，每个人都能够公开讨论、分享、表达和了解风险。当风险得到明确时，人们可以通过集体能力加以处理和管理，通过协作来实现更大的业绩提升和创新。值得注意的是，关于“你在努力中所承担的个人风险”的对话，在许多企业中是完全缺失的。

新的环境在人们使用智慧或精力的方式上产生了巨大影响；隐藏和保护自己不受他人伤害的努力，让位于共享、创新和共同行动，以缓解风险。过去，人们依靠智慧来保持低于其潜力的业绩，同时带来额外的工作（例如报告、控制、修改、验证等添加到实际工作之上的工作），以对抗这种不当行为。现在，他们能够依靠智慧来推动工作和开发潜力，已经不再需要做那些繁复的额外工作。

我们观察到企业中存在一些“保存实力”的行为，考虑到管理对话的方式，我们认为这种做法非常明智。人们的理性行为非常有效地适应了管理对话，因此改变对话中关于业绩改善过程的条款，通常会对企业的未来产生根本性的影响。请记住，企业中存在如此之多的问题，并不是因为人们愚蠢，而是因为他们懂得有效而明智地进行行为调整，以适应管理者无意中创建的适得其反的工作环境。如果管理者创造出了这样一个环境，那是因为管理工具箱中传统解决方案的无效所致。

避免既得利益的影响

管理者必须始终确保其为整体实现最佳团队结果设定条件，而非仅仅在绩效管理方面。在一家由十个主要部门和职能构成的跨国企业中，首席执行官想要改进企业组织设计。他有一些关于如何重新配置的想法，但是同时也想从其管理团队中收集想法和见解。然而，这里存在一个复杂的问题。他的团队中每个成员都领导着一个部门或职能，这些部门和职能都不可避免地受到企业组织变革的影响。因此，由于这些既得利益，首席执行官担心他们很难提出公正的建议。他将如何运用其管理团队的智慧来进行企业组织设计，并确保新的组织将服务于整个企业的利益——而非某个部门或职能的利益？

首席执行官召集了他的管理团队，简短地陈述："你们知道我们所面临的战略挑战，你们知道我们企业的十个部门职能的局限性。我希望你们每个人都能尝试定义这十个部门的角色和决策权。你们也可以对计划进行修改，也可以将现有的结构进行整合或拆分。"接下来是最有趣的部分，"无论你们有何建议，你们每个人都会继续留在管理团队中，但是今后我会重新分配你们将要负责的部门或职能。"

这种方法与哲学家约翰·罗尔斯所提出的，在“无知之幕”后做出决定的方法非常相似。即确保个体成员为整体的最佳利益做出贡献。如果选择的结果对任何部门有不利影响，那么任何一个执行人员都有可能去承担其后果。如果不可能通过博弈的方式来为你所在的部门谋取利益，那么你在决策时可以使用的唯一标准就是整个团队的最佳利益。

在这家拥有十个部门的跨国企业，高管们对自己管理的部门有着充分的了解，也对其他部门的运作方式有很好的理解。在这种情况下，通过创造“无知之幕”，即让每位高管都无法确定自己最终会身处何位，首席执行官使得高管们尽量不带偏见地充分应用他们的知识。

拒绝决策升级

拒绝提高业绩透明度的想法，以及与团队就哪些方面可以改善业绩所展开的丰富对话，可能会使一些经理感到沮丧。因为他们承受着无休止的决策升级。也就是说，他们花费了大量时间在团队委托给上级进行仲裁的决策上。但是每每这种情况之下，决策几乎都将落到这些经理手中，因为应当做出这些决策的人并没有采取相互协作方式去做出决策。

为了避免如上问题，我们建议实行一种似乎有些简单的方法：拒绝决策升级。高管们必须要求那些一开始就没有协作性的人自己去寻求解决方法，不应当接受这种仲裁者的角色。

决策升级将为企业带来不利影响。随着决策的逐步升级，决策者也渐渐脱离了工作实际情况，越来越缺乏丰富、新鲜的信息。因此每当仲裁的级别高于实际行动级别时，这些决定注定是低质量的，还不如通过人们直接协作来实现目标更加现实和快捷。

作为一个高层人员，你应该拒绝仲裁者的角色。相反，可以将需要协作的人聚集起来，把他们召集到一个房间，关上门离开。只有当他们做出了令人满意的决定后，才能将他们放出来。当然，在现实中，可能会发生这样的情况：做一项决定需要花费很长时间，以至于最终你不得不打开门。在这种情况下，需要保证两个条件。第一，确保你让那些导致决策升级的人负责："我会在评估中记住，有多少次你迫使我做出了那些更适合由你做出的决定。"第二，让这场决策成为一种学习经验。问问他们："下次你会有什么不同的做法？这样我就不用作为仲裁者了。"

简化法则六小结

当无法在人们的任务中创建直接反馈循环时，你需要管理层的干预来关闭该循环。然后，管理者必须以一种截然不同的方式，使用熟悉的绩效评估工具来进行评估。

· 管理者必须超越技术标准（把问题根源归咎于技术因

素）。在应对多重业务复杂性时，往往存在相互矛盾的多个绩效指标要求，聪明的企业将接受执行中出现问题的多种原因。解决这些问题的唯一方法是，对于那些拒绝协作的个人或群体，减少其回报——即使问题并不完全发生在他们的责任范围内。当个人或群体以一种有益的方式协作时，所有工作单元的收益都将得到增加。

- 应当受到责备的是那些未能主动帮助他人或未去寻求帮助的人——而不是那些失败的人。
- 人们可以利用简单的问题来改变管理对话的形式，从而使透明度和雄心勃勃的目标成为个人的资源，而非限制因素。然后管理人员可以作为整合者，从其他人那里获得协作行为，利用这种透明度所提供的丰富信息，来实现更加优越的结果。

结　论

当今企业管理的基础是信念和实践的结果，即我们在本书中详细讨论的硬性管理方式和软性管理方式——由于这些方法会带来新的复杂性问题，所以它们已经变得过时。这样的说法已经很委婉了。若按照这些过时的方式方法去处理复杂性问题，会引发更多的复杂性，从而抑制生产力，降低人们对工作的满意度。这是一个恶性循环。我们制定这六项简化法则的主要目的是，通过更好地处理业务复杂性，来为企业创造更多的价值。我们需要摒弃传统的管理方式。在这种情况下，我们还能够消除复杂性带来的影响并节约因复杂性问题带来的成本。简化本身并不是目标，而是简化法则中一个有价值的副产品。

这些简化法则经过了实践验证，可以利用社会科学的最新思想和实践，来打破复杂性带来的恶性循环，帮助企业成长，创造持久性价值，最终获得竞争优势。前面的每一章节分别集中描述了一种简化法则，并探讨了这些法则对于管理者的影响。现在，让我们来全面审视一下这些法则，看看如何将每项法则的内容融会贯通。在本章中，我们提供了一个循序渐进的序列，你可以按照这个序列逐步摆脱对于传统管理方式的依赖，进而成功应用这六项简化法则。你可以应用这些法则，对企业进行组织重新设计、结构调整、运作模型再定义、文化转型、生产力改进或成本降低计划，等等。在大多数情况下，这些法则可以帮助你以更加迅速、简洁和深入的方式来解决实际问题。

步骤一：利用痛点去探索相互依赖与相互协作的需求

每个企业都存在其独有的痛点。这些痛点可能与业绩相关：

· 我们的列车准点率太低。

· 我们酒店的入住率低于预定目标。

· 我们推出产品所需的时间太久了。

· 我们的产品缺乏创新性。

这些痛点也可能与人们的工作满意度相关——从调查问卷中所反映的病假天数、员工流失率、工作事故以及人们的苦恼便能看出。

当你看到所有这些痛点，并充分深入至企业运作方式之中，你会发现，一些角色在业绩方面表现不佳或身陷苦恼。但是，如果能够进行交流互动，与他人相互协作，并在协作过程中受益，那么这些角色就能以简单有效的方式去迎接复杂性的挑战。

一旦你确定了这些角色，就必须去关注他们之间的相互依赖性。你需要了解这些角色对他人行为的影响程度。了解了InterLodge酒店前台的苦恼，你会明白他们对后勤部门的依赖性。或者，从MobiliTele的研发工程师的糟糕表现中，你会发现他们对收发器部门存在依赖性。

达成这种理解的方式之一是，让每个角色去描述，如果与他人进行协作，那么在这个过程中，其他角色会做出哪些不同的行为。这就是简化法则一的应用：了解人们的实际行为。你可以在研讨会、一对一讨论或者面试过程中，展现出一个理想的协作氛围。无论采用何种方式，都能够让人们从他人的角度和从业绩的角度来理解协作的行为。要做到这一点，人们必须：

- **描述别人在协作中的行为**。他们必须谈论细节，使用行动动词，而不是仅仅提出“信任”“他人的回应”等模糊概念。协作是一种行为，而行为是一种动作，而不是态度或心态。举个例子，某个采购部门的购买人员可能会说：“你作为一个策略人员，应当给我提供一些和供应商谈判的自由空间。”或者，列车站台管理人员会说：“在理想情况下，你们维修人员应该告诉我们列车什么时候会晚点，晚点多久。”
- **定义协作带来的差异影响**。寻求协作并不是为了协作行为本身，而是为了协作带来的影响。人们必须详细地描述协作对其个人业绩和企业整体结果的影响："如果你们购买人员能够按照我描述的策略来执行工作，那么我就可以减少15%的库存量。"

如果这项演练按照既有的方式来进行，你将会确定关键的相互依赖性和协作需求。它们是解决复杂性问题（从而消除工作中的惨败业绩和不满情绪）和企业将要进行的具体改变之间的连接点。一旦你确定了这些角色并定义了协作将带来的差异影响，这样，就能够将分析重点放在同时提高业绩和满意程度所需的改变上。

步骤二：探索协作的障碍

然而，你不可能立即做出这些改变。你必须先找出在这些角色间缺乏协作性的原因。要做到这一点，你需要通过找到第一章中讨论的两个关键问题的答案，来进行数据收集：

1. 行为如何相互结合并产生当前的业绩水平？关于行为如何相互调整和影响，应当考虑到权力关系和调整成本。当你提出这个问题并思考答案时，请避免将业绩问题归咎于组织元素（如结构、流程或系统）的缺失。要记住，一个事物的缺失并不会导致另一个事物的出现。这种"由缺失导致的根源"的观念将引发复杂性问题的出现。

2. 工作环境由目标、资源和约束构成，那么什么样的工作环境使当下行为成为人们的“合理性策略”？不要通过唤起人们的心理或心态来解释行为——行动、决定和互动——来回答这个问题，这些顶多只是赘述。他们往往把责任推给个人或群体，从而掩盖真正的问题。相反，要理解人们在当前目标、资源和约束因素下，是什么原因让人们拒绝协作，或协作是怎样产生了反作用。人们缺乏协作性的几种可能性原因是：

- **大量的资源消除了相互依赖性**，助长了异常的自给自足现象。
- **有足够的权力避免协作行为**。
- **没有足够的权力承担协作带来的风险**。有些角色相当无能为力，他们将会承担所有调整成本，却得不到足够的回报，所以还不如孤立封闭为好。

我们在本书中介绍的所有故事，比如InterLodge、MobiliTele、RapidTrain、GrandeMart等案例全部表明，对个人行为以及由于这些行为产生的业绩的错误理解，将导致企业忽略真正的问题，继而采取复杂的、适得其反的措施。

步骤三：获取利益

一旦理解了造就行为、影响业绩的工作环境，那么在改变该环境方面你将处于有利地位。

改变环境

利用简化法则作为指导方针，来确定以何种方式去更改目标、资源和约束所构成的工作环境，从而使人们充分参与协作并从中获取利益。如下所述：

- **简化法则一：了解员工行为**。该法则将对工作环境的理解添加到管理系统的资源中。
- **简化法则二：强化整合者角色**。这一法则通过消除一些约束因素（如官僚主义法则、中间角色和协调部门等）和增加资源（如可发挥空间和自由决定的权力）来强化管理人员作为整合者角色的作用。在这种情况下，人们能够从与他人的协作中获取利益，从而丰富他们的资源。
- **简化法则三：增加权力控制的总量**。这项法则为那些当前疏离工作、回避协作的人们增加了资源，因为孤立封闭的工作环境对于他们来说利大于弊。若要打破这种状态，就要赋予其来自于重要利害关系所控制的新的权力基础。
- **简化法则四：增加利益互惠**。这一法则通过定义多元化目标来改变总目标或问题，并消除某些资源——这类资源往往造成了内部垄断，或导致了异常的自给自足现象。
- **简化法则五：展示行为的未来隐患**。这项法则将遥远的后果转变为人们当下的目标，并将不充分的协作转变成对那些协作性较差者的约束因素。

- **简化法则六：奖励协作行为**。这项法则使个体行为在提高业绩的所有可能性上都保持透明度，同时利用这种透明度给企业带来更多利益。

在前面的章节中，通过简化法则在实际中的应用，管理者创建出了适宜的工作环境，成功改善了企业的方方面面，例如：预算、投资、目标设定、信息系统、评估和奖励标准、职业道路、角色和决策权范围的定义、阶级制度的连接和层级、招聘和新技能培训，等等。这些解决方案采用了经典的企业结构构建模块。关键在于，你最终只会使用那些必要而充分的解决方案去应对业务复杂性。

然而，在庆祝之前，你需要处理一些其他事项：在新的工作环境下去实现业绩改善。

提高野心

第一步，让人们描述协作对结果的积极影响，他们给出了具体的回应："如果采购…… 我将能够削减15%的库存。"他们还就如何开展协作达成了一致态度。

在这些对话的基础上，现在有必要提高绩效目标：降低15%

的库存水平（或缩短上市时间、提高销售水平、提高客户满意度等等）。

有时，人们并不会自发地立即同意这些承诺。别担心，你随时可以从头再来：“当第一次根据他人的协作情况来预测业绩改善时，我们是否有夸大行为或错误判断？我们是否忽略了一些障碍或方案？”在这六项简化法则所创建的工作环境下，这些对话中没有任何潜在的自满情绪。你可以通过这些对话来更好地理解现实状况。

你的行动计划中有三个重要特点：

- **问题是非个人化的**。没有个体或群体应当因为个人特质或心理状况而感到内疚。所有人都明白，工作环境才是问题所在——而非某一个体或群体。这种方法消除了因否认自己受到人身攻击（诊断或根本原因等等）所引发的改变障碍。
- **改变不会引起焦虑情绪**。任何改变性的建议都不会凭空产生，也不是从抽象中提出的。改变并不会构成威胁，因为人人都知道它们解决的是真正的实际问题。与改变相关的误解障碍由此得到消除。
- **认同是内在的**。一旦完成设计，就没有必要不惜一切代价，通过企业沟通活动（或妥协）来推销解决方案。因为解决方案是在充分了解人们的行为及其产生的原因的前提下所做出的——它们已经包含了成功实施方案的条件。

人们在共同探索协作如何使业绩得到提升的过程中，创造出一个工作环境，在这个环境中，他们能够支持和推动彼此，来最终达到业绩的提升。（参见附文《从付出到业绩实现的三个步骤》）

简化法则工具箱

从付出到业绩实现的三个步骤

1. 相互探索协作对于结果的重要性

· 在工作中，业绩表现和满意程度的痛点分别在哪里？

· 每个职能是如何影响其他人的行为能力的？

· 从每个参与者的角度来看，有效的协作是怎样的？

· 协作对于每个角色的业绩和整体表现有着怎样的影响？

2. 共同诊断障碍

· 实际发生的情况与我们所描述的理想的协作之间有何区别？

· 人们为什么会有这样那样的行为？

3. 共同定义变化并由此产生更高的抱负

· 我们将如何应用简化法则来改变环境，从而使协作为个体带来利益（成为个体的合理性策略）。

· 接下来我们每个人都能实现哪些强化目标呢？

与最佳实践的日常斗争

为了解决复杂性问题，提高业绩，同时避免更多的复杂性问题出现，你会发现自己面临着几十年来不断增长的业务理论，这些理论已经将管理变成了一种抽象事物，并将管理从实际工作中抽离出来。

正如我们所见，一些抽象事物通常会出现：

- **汇报程序**。无论程序完整还是分散，对于不同类型的汇报程序，可能会出现关于其优缺点的无休止争论：分散式程序以分散的权力来获得分散式行为，而完整行为是由完整程序中完整权力的影响而实现。
- **KPI**。你会发现自己陷入了一种状况——面对15个甚至20个KPI指标，要去衡量每个指标的重要性。似乎通过获得正确的权衡和相应的奖励，行为就能恰好结束在公示加权平均值所在的位置。
- **领导风格**。企业管理者需要对管理团队所需领导风格的组合进行深思熟虑。这种假设似乎表明，管理者需要有定式的管理风格，或者需要通过招聘那些具有这些风格的人们来引入这种风格。而实际上，人们会根据自己所处环境来调整其风格（即他们的行为方式）。

虽然这些抽象概念具有知识性的诱惑，但是，在实践中它们却存在着欺骗性。一个智能企业不同于一个善于利用其员工智慧的企业。要创建这种类型的企业，需要管理真正存在，同样需要我们提到的重要反馈循环。要实现真正存在的管理，你必须重新获取关于业务操作的直接知识，并摆脱那些抽象事物和象征性元素——比如结构、过程、KPI以及其他元素——它们本来是用于代表工作的，却把管理推到了工作的边缘。

不要接受这种现状。我们没必要生活在一个抽象的世界里。没必要花费时间绞尽脑汁思考如何才能更好地重新规划或在组织结构图上进行勾画。你可以通过不断地提出一些不留情面的简单问题，来应对真正意义的工作环境，而不是仅仅作为这个环境的容纳者。

· 你希望这位管理人员扮演怎样的角色？

· 管理人员应该创造怎样的价值？

· 管理人员应该让人们做出哪些人们没有自发性执行的事？（记住，这是管理人员创造价值的方式。当人们能够自发地去行动时，管理人员的角色就没有存在的必要了。）

· 管理人员将拥有怎样的权力基础？

越来越多的企业正在利用数字技术的力量，在全球范围内传播扩散，并以虚拟团队的形式来运作。因此，我们也就更需要阐明一个越来越模糊的问题：真实的人们所做的实际工作。这与工作的实质相联系，对企业至关重要，也具有一定挑战性。理解工作发生的环境是认清现实的一种方式，这能让我们准确地判断结构、过程和系统的优缺点是如何过滤或模糊现实的（硬性管理方法），也能发现那些针对人们的人格和情感的故事（软性管理方法）。

让管理回到实际工作中来，并非一种知识性或哲学性的追求。理解人们行为方式是一种实际的努力，这样可以使人们的判断力和精力得到充分利用。这种管理的存在也不是一种微观管理的形式，或一种对某种控制的追求——这种控制能够通过传统的软硬管理方法来实现。随着业务复杂性问题层出不穷，这种控制个体的尝试行为变得越来越具有破坏性。业务复杂性越严重，你对人们判断力的依赖就越大。这六项简化法则表明，这种依赖不仅仅是一种信仰行为，还是一个让你的智慧和精力发挥重要作用的合理过程。

致 谢

伊夫·莫里厄：

我要感谢已故的米歇尔·克罗齐耶先生，从我还是巴黎政治学院的一名学生时，一直到后来我们一起工作，他的热情从始至终激励着我。感谢麦克·贝克在格拉斯哥的斯特拉斯克莱德大学建议我从决策分析的角度来研究工业市场。我很感激BCG首席执行官卡尔·斯特恩和BCG欧洲董事长拉斐尔·塞雷佐以及BCG现任董事长汉斯–保罗·博克纳，他们创建的奖学金计划为BCG研究所提供了丰富资源来理解和应对复杂性的进化过程。我还要感谢BCG研究所的组织分析师奥利维亚·戴维斯，感谢她为了协调研究数据和手稿文本所做的贡献。我非常感谢波士顿咨询公司的同事们，感谢你们的想法，感谢你们每个人和我一起工作以及你们对本书描述的研究和案例所做出的贡献。最后，也最重要的是，我要特别感谢那些来自40多个国家和500多家客户企业的女士们和先生们。

彼得·托尔曼：

这本书要献给我那慈爱的父母，建筑师泰德和心理学家雪莉，他们用自己的激情和观点带领我终生向往意义、美学和对称。我对行为动力学作为组织有效性驱动因素的着迷就源于此。我最近的实验室就是我自己的家，这里由我出色的妻子琳达和两个优秀的女儿杰西和萨拉共同建立。这三位女士对我的工作习惯的独特性给予了极大的支持和鼓励，并通过深思熟虑的批评和热烈的辩论，为我的思考增添了她们独特的智慧。最后，我认为BCG本身就是一个高效的组织，也是人们所期望的最佳学习环境。非常荣幸我在波士顿咨询集团工作这么多年，一直以来，我得到了无数同事的支持，在此非常感谢他们。

最后，我们共同向约翰·布特曼表示最深切的感谢。多年来，约翰见证了这些思想的形成，由于他的耐心与配合，这本书终于从想法成为现实。我们还要感谢BCG总编辑西蒙·塔吉特，尽管咨询工作对写作带来了许多障碍，在他的努力下，这本书最终还是步入了正轨。我们还要感谢BCG的鲍勃·霍华德，他的编辑意见在关键时刻是无价的。我们向五位匿名的同行评审员致敬，我们感谢他们的深刻见解与鼓励。感谢哈佛商业评论出版社的执行主编梅琳达·梅丽诺，她机智而坚定的指导确保了本书清晰地表达了必要而充分的观点。感谢BCG首席执行官的里奇·莱泽，以及BCG前任、现任人员和企业业务负责人安德鲁·戴尔、格兰热·弗里兰，我们将继续对他们表示感激和大力支持。

关于作者

伊夫·莫里欧是BCG在华盛顿特区办公室的高级合伙人兼董事总经理。作为BCG组织机构研究所的所长和BCG的研究人士，他主要负责领导研究方面的工作，并就欧美和亚太地区的跨国企业和公共部门实体的战略和企业变革向其高管提供咨询建议。

在经济创造价值和竞争优势的行为和结构条件方面，伊夫对企业组织理论的发展做出了贡献。他用简单的法则将这些观点转化为实践，他帮助首席执行官们解决了其面临的最关键的挑战，例如，让他们的企业从准破产状态转变为行业领导者，将商业模式和文化转型上升到新的高度，或成功地突破管理方式上的创新性，等等。

伊夫是两家专业期刊的顾问委员会成员，在100多个商业会议中发表过演说，并在世界各地的大学进行演讲。他出版过一些书刊，编辑过一本关于战略和技术的书籍，还在行业评估和商业期刊中发表过文章。他是企业组织演变方面的专家，许多电视媒体和包括《经济学人》在内的全球性出版物都对他进行过采访，并引述过他的言论观点。在成熟或快速发展的经济体中，许多国家的媒体常常邀请他解释他的工作对于本国企业的影响。

伊夫拥有苏格兰斯特拉斯克莱德大学工业营销的博士学位，巴黎政治学院决策分析和组织社会学的DEA学位。他还加入过苏格兰商学院、欧洲知识经济与管理学院、萨尔堡美国研究研讨会等组织。伊夫目前生活在美国华盛顿特区。

彼得·托尔曼是BCG驻波士顿的高级合伙人，也是这家公司的资深董事。他领导BCG在北美的人员和组织开展业务。彼得之前的领导角色是波士顿生物制药行业的全球领导人，还曾进行过研发部门的课题研究。他拥有南非开普敦大学的工程学博士学位，以及哥伦比亚大学的MBA学位。彼得是许多企业和行业会议的特邀演讲者，并撰写过许多关于领导力、组织和企业绩效的著作。

作为BCG最有经验的客户服务合作伙伴之一，彼得帮助许多世界领先企业提高了其组织的竞争力和业绩情况。他的工作遍布全球，涉及广泛的任务内容，包括企业重组、结构重设、文化转型、员工投入度、股东价值和促进计划、提高运营效率和关键流程、并购整合、企业范围内转型以及通过领导力转移对首席执行官和其他高级领导者进行指导，等等。他帮助客户从这些简单的法则中获取洞察力，并成功地应用到这些工作当中。

除了在BCG的工作，彼得还是医疗风险投资公司MPM

Capital的创始人、董事总经理。他是希伯来大学耶路撒冷音乐与舞蹈学院的理事会成员，也是胡桃山艺术高中的理事。彼得和他的妻子琳达·卡普兰以及两个上大学的女儿杰西和萨拉住在波士顿地区。